ROMANS, CONTES

ET

NOUVELLES LITTÉRAIRES.

1.ʳᵒ SÉRIE. — L'Orient.

TOME III.

LES CHINOIS.

ROMANS, CONTES,

ET

NOUVELLES LITTÉRAIRES;

HISTOIRE

DE LA POÉSIE ET DE LA LITTÉRATURE

CHEZ TOUS LES PEUPLES.

―――

1.ʳᵉ SÉRIE. — L'Orient.

TOME III.

LES CHINOIS.

STRASBOURG, imprimerie de F. G. Levrault.

HAN-WEN,

LE LETTRÉ;

PAR

JULES JANIN.

PARIS,
Chez F. G. Levrault, rue de la Harpe, n.° 81.

STRASBOURG,
Même maison, rue des Juifs, n.° 33.
1834.

PRÉFACE.

Depuis un temps immémorial, et aussi loin que puisse remonter la chronologie la plus fabuleuse, la Chine possède des lettrés et des juges, une littérature et une philosophie. Mais, à vrai dire, si ce sont là des productions sans date, ce sont aussi des lettrés et des philosophes stationnaires; ouvrages et écrivains, philosophie et philosophes, on dirait, à les voir de loin ou de près, que ce sont toujours les mêmes œuvres, les mêmes hommes. Toute la philosophie des Chinois, depuis qu'ils ont une philosophie, se réduit à des commentaires sur toutes les lois du royaume; leurs histoires se composent de quelques longs récits sans couleur. Quant à leurs ouvrages d'imagination, vous y rencontrerez partout l'abus de la description et les mêmes formalités d'un frivole cérémonial. Quelle que soit l'époque de ces œuvres diverses, poèmes, histoires, drames, comédies, elles sont toutes empreintes du même caractère ; elles ont toutes le même esprit, le même style, le même âge ; c'est là une littérature qui, depuis qu'elle existe, n'a rien oublié, n'a rien appris.

Cependant l'histoire de la Chine est une longue histoire ; elle remplit de gros livres ; elle a occupé plusieurs générations de savans et d'ardens missionnaires ; à l'heure qu'il est, toute l'Europe est tournée du côté de la Chine. Mais nous n'en voulons nous autres qu'à sa poésie et à ses livres : nous ne ferons donc pas d'histoire ; l'histoire nous fait peur.

C'est pourtant un merveilleux spectacle que cet empire de la Chine, déjà si lettré, si savant, si éclairé, pendant que le monde entier est plongé dans l'ignorance! Ce gouvernement est tout-à-fait le gouvernement de l'intelligence, pendant que tous les peuples du monde n'obéissent encore qu'à la force. Nous ne devons donc parler qu'avec toutes sortes de respects de ce vieil et savant empire, nous autres, qui, comparés aux Chinois, sommes des peuples d'hier !

Il existe en Chine une collection de moralistes entreprise par l'ordre de l'empereur Chan-tchi, et pour laquelle il a fait lui-même une préface. Voici un passage de cette préface, qui donnera une idée de la sollicitude impériale pour l'instruction des sujets :

« J'ai considéré, dit l'empereur, que la loi céleste étant essentiellement bonne, il ne s'agissait que de la faire connaître parfaitement bien à nos peuples, pour que parmi les vivans, il n'y eût personne qui ne se livrât de préférence à la vertu. Chargé par les décrets du Ciel de protéger et d'alimenter tous les pays de l'univers, et voulant m'acquitter respectueusement de la tâche qui m'est imposée, j'ai fait de profondes méditations sur les leçons que les anciens ont données au monde, et sur les exhortations qu'ils ont faites pour encourager la vertu. J'ai pensé que pour eux, le plus grand de tous les plaisirs était de tendre à la perfection. J'ai donc rassemblé tout ce qu'il y avait d'essentiel dans tous les livres, et j'en ai rédigé une collection, sous les titres de *Discours propres à exciter à la vertu.* »

Dans les livres de morale de la Chine, qui, à tout prendre, se ressemblent chez tous les peuples, parce que la morale, écrite dans le cœur de l'homme, est la même pour tous les hommes, on trouve les saintes notions du juste et de l'injuste, de l'immortalité de l'ame, des récompenses et des châtimens de l'autre vie, qui font la base de toutes les doctrines du monde. On y trouvera en même temps plusieurs préceptes particuliers à la morale indienne. La bienveillance pour tous les animaux, le respect pour les nids du petit oiseau que sa mère élève à la becquée, le respect pour les arbres qui donnent de l'ombre. « L'homme véritablement heureux, dit un de ces livres, voit le bien, fait le bien. » Admirable définition du bonheur !

Une des grandes difficultés qui se soient opposées au progrès des sciences et des lettres dans la Chine, c'est l'écriture chinoise. Les caractères chinois sont autant de figures arrêtées, et mille fois plus difficiles à retenir, et mille fois plus variées que les vingt-quatre lettres si mobiles et si obéissantes de notre alphabet. Voilà pourquoi les Chinois parlent la même langue depuis l'enfance du monde; ils l'ont trouvée toute stéréotypée, pour ainsi dire. Cette langue est une langue toute d'allusions et d'énigmes; un homme intelligent doit employer les deux tiers de sa vie à la comprendre; et quand il est entré enfin dans le secret de ce grand mystère, il passe l'autre tiers de sa vie à s'en glorifier.

D'ailleurs c'est un peuple qui, par les lois de l'empire (et dans un empire ainsi fait les lois sont toutes-puissantes), ne peut pas sortir de sa patrie. Quelle que soit la contrée dans laquelle il est né, le Chinois y reste pour mourir. Et non-seulement les terres étrangères lui sont défendues à lui, mais encore l'intérieur de la Chine est défendu aux nations étrangères, si bien que c'est un empire fermé de toutes parts, si bien qu'aucune commotion extérieure ne s'y fait sentir. Aussi avons-nous fort peu de notions vraies et complètes de cet empire : il n'y a que les côtes qui soient abordables pour les Européens. Quant aux Chinois voyageurs, ils sont encore plus rares dans cette France ouverte à tous, que les Français voyageurs dans la Chine qui leur est fermée. Voici cependant le passage d'un rapport écrit par un Chinois après un voyage en France, qui vous donnera une idée très-exacte des notions, des idées et des jugemens d'un pareil voyageur :

« Le gouvernement chinois [1] a toujours voulu avoir des savans et des sciences, et depuis plus de *trente* siècles (mais à sa manière et selon les vues de sa politique) il faut que toutes les études des écoles, tous les examens qui conduisent aux degrés, toutes les récompenses qui encouragent et qui illustrent les talens, se rapportent à la fin que l'on s'est proposée : autant le gouvernement est attentif à aplanir et à semer de récompenses le chemin qui conduit aux connaissances qu'il veut étendre ou conser-

---

[1] Mémoires sur les Chinois.

ver, autant il laisse croître d'épines dans ceux qui mènent vers celles qu'il dédaigne ou qu'il rejette. Il ne veut que les gens de lettres dont il a besoin pour la chose publique, et les plus beaux génies n'attirent ses regards qu'autant qu'ils se rendent utiles. Il fait nommer dans toutes les gazettes un soldat qui a reçu des blessures : il ne permettrait pas un mot sur mille faiseurs de systèmes. Le talent et le savoir ne sont pour lui que des mots, quand l'État n'en retire aucune utilité réelle. »

« Les sciences ont en Chine une atmosphère beaucoup plus étroite qu'en Europe, et la nation, en général, ne s'intéresse guère à ce qui s'y passe. Point de journaux littéraires, point de papiers publics qui annoncent les ouvrages des savans, hors les grandes compilations et les livres commandés aux lettrés du collége impérial. Les femmes sont séquestrées dans leurs maisons ; on leur apprend rarement à lire. On ferait vingt journées de chemin sans trouver un homme du peuple qui sût parler philosophie, etc. Les mandarins, d'ailleurs, ont le glaive suspendu sur leur tête; ils ne peuvent songer qu'à leurs fonctions; l'étiquette absorbe leur moindre loisir. A Péking même, ce qui n'a trait qu'aux sciences n'est pas un objet d'attention. Le plébiscisme littéraire y est aussi inconnu que dans les provinces. Les lettrés sont tellement subjugués par le ton du gouvernement, qu'ils laissent jouer des pièces qui ont plus de mille ans, et ne songent point à en rajeunir le style suranné.

« La gloire des succès littéraires est, en Europe, nationale : la Chine est entourée de peuples barbares; loin d'y exciter l'émulation, même entre les lettrés, on les force de travailler en commun à des ouvrages prescrits; la liberté de la république des lettres n'est que précaire à la Chine. Le sceptre des lois suit les talens et et le génie dans leurs plus brillans efforts; et le glaive de la justice se lève sur eux au moindre écart. »

Et malheureusement ce ne sont pas là les seuls obstacles qui s'opposent aux progrès de ce vieux peuple : ces obstacles sont innombrables. Le premier de tous, et la chose se croit à peine, c'est l'abondance des livres sur toutes les matières : ils sont en si grand nombre qu'ils deviennent inutiles. On compte des collections de livres dont le nombre se monte jusqu'à cent quatre-vingt mille volumes. Il n'y a pas un particulier assez riche pour se procurer tous les livres nécessaires à l'étude des choses de sa nation, et les bibliothèques sont si éloignées des villes, qu'il faut se faire anachorète pour devenir un savant; or, une fois devenu un savant, toute l'ambition du Chinois se réduit à entrer dans quelque académie, où il s'occupe uniquement à corriger, à commenter, à expliquer, à publier les vieux auteurs. Il n'y a du nouveau en fait de livres nouveaux que quelques romans, quelques poésies légères et autres petits *riens sonores,* comme dit Horace, *nugæ canoræ.*

Du reste, le gouvernement de ce pays, dont on ne peut mettre en doute la sagesse non plus que la durée, est tout-à-fait un gouvernement paternel. Le respect dû au père de famille et la parfaite soumission des enfans, voilà l'idée fondamentale et la base inébranlable sur lesquelles repose ce grand empire. A la Chine, l'empereur, fils du Ciel, est le père de la nation; aussi il est impossible d'avoir une idée du respect des sujets pour leur maître. Ils se prosternent devant son image absente; ils parlent, ils agissent, ils se taisent, toujours comme s'ils étaient en présence de l'empereur; dans chaque maison, un des endroits les plus apparens est consacré à la Majesté impériale.

Le code pénal des Chinois repose tout entier sur le bâton : c'est à coups de bâtons que se châtient toutes les fautes, que se punissent tous les crimes. Les plus grands et les plus petits personnages de l'empire sont également soumis à cette peine, qui n'a rien de déshonorant chez eux. Le magistrat se dépouille de sa robe, courbe le dos, reçoit sa correction, reprend sa robe et rentre dans sa charge de magistrat aussi respecté qu'auparavant. Quant aux délits politiques, pour lesquels les nations modernes auront bientôt aboli la peine de mort, ils sont punis en Chine avec la plus atroce rigueur. Les bourreaux chinois sont célèbres par les raffineries de leurs cruautés et de leurs tortures. On a vu des cantons entiers disparaître, totalement ravagés par le feu et par le fer, en punition de quelque révolte partielle. Voici ce qu'on lit dans un rapport d'un général à l'empereur[1] : « Et les chefs ont été mis à mort dans « les tourmens; six cents prisonniers seront « décapités bientôt; treize cents, entraînés par « force, seront renvoyés chez eux avec des « secours. Quant à l'épouse du dernier chef « Chinti-fang, son sexe semblait réclamer « notre indulgence; mais comme elle a porté « le deuil de son époux, comme elle a eu l'au- « dace de conduire des troupes contre l'ar- « mée impériale, avec un étendard chargé de « cette inscription : *Vengeance pour les mal-* « *heurs de mon époux*, elle n'a plus aucun « titre à la compassion, et elle a été renvoyée « pour être exécutée avec les autres. »

Telle est la législation, telles sont les mœurs de cet empire. Rien n'a pu les changer, ni les

---

[1] Staunton, *Ambassade chinoise*.

révolutions, ni la guerre, ni la conquête. Les Tartares se sont emparés de la Chine par les armes : à leur tour les Chinois se sont emparés des Tartares par leurs lois et par leurs mœurs.

Quant à leurs arts, ils ont atteint bien vite toute la perfection qu'ils pouvaient atteindre, et ils s'y sont arrêtés. La soie, et la porcelaine, et la science des couleurs, et le vernis et le papier, et l'imprimerie, dont ils ont joui, comme aussi de la boussole, bien avant les peuples de l'Europe, et l'astronomie, et la géographie, et la théorie des banques et du papier-monnaie, et l'art de la gravure, ce sont là autant de sciences qui ont été poussées bien loin dans la Chine avant que l'Europe en eût connaissance, car l'Europe n'a pas même l'honneur d'avoir découvert la poudre à canon : c'est la Chine qui la première a fait cette découverte. Il est vrai qu'en revanche l'Europe peut lui apprendre la manière de s'en servir.

L'agriculture est aussi fort en honneur parmi ce peuple. Le mûrier et le thé sont la principale fortune du Chinois; le riz forme une grande partie de sa subsistance ; avec le bambou il compose presque tous ses meubles. Il aime les fleurs avec passion ; les fleurs sont le divertissement le plus cher de sa vie. Les ruisseaux sont couverts du lotus à fleurs doubles et du lotus couleur de rose ; la pivoine se balance gracieusement à côté de l'hortensia ; le poirier, l'abricotier sauvage, le pêcher nain, le saule pleureur prêtent leur ombrage et se forment en avenues à l'entrée des jardins. La Chine est le pays des jardins : il y a des jardins de plusieurs mille arpens, il y a des jardins de quelques pieds. C'est là que le Chinois se repose, c'est là qu'il respire, c'est là qu'il pense. Un jardin, c'est passion avouée des Chinois : les plus riches y dépensent toute leur fortune. Rien n'y est oublié, ni les ruisseaux où nagent les cygnes, ni les plates-bandes remplies de fleurs odorantes, ni les bois d'oranger. Les poésies chinoises sont remplies de passages à la louange des jardins, qui laissent bien loin de nous le poème de M. Delille :

« Que d'autres bâtissent des palais pour enfermer leurs chagrins et étaler leur vanité! Moi je me suis fait une solitude pour amuser mes loisirs et causer avec mes amis. Vingt arpens de terre ont suffi à mon dessein. Au milieu est une grande salle, où j'ai rassemblé cinq mille volumes pour interroger la sagesse et converser avec l'antiquité. Que cette solitude est charmante! la vaste nappe d'eau qu'elle présente est toute semée de petites îles de roseaux; les plus grandes sont des volières remplies de toutes sortes d'oiseaux.

« La lune est déjà levée, je suis encore assis; c'est un plaisir de plus. Le murmure des eaux, le bruit des feuilles qu'agite le zéphir, la beauté des cieux, me plongent dans une douce rêverie; toute la nature parle à mon ame; je m'égare en l'écoutant, et la lune est déjà au milieu de sa course, que je suis à peine sur le seuil de ma porte.

« Mes amis viennent souvent interrompre ma solitude, me lire leurs ouvrages et entendre les miens; je les associe à mes amusemens. Le vin égaie nos modestes repas, la philosophie les assaisonne; et tandis que la cour appelle la volupté, caresse la calomnie, forge des fers et tend des piéges, nous invoquons la sagesse, nous lui offrons nos cœurs; mes yeux sont toujours tournés vers elle; mais hélas! ses rayons ne m'éclairent qu'à travers mille nuages; qu'ils se dissipent, fût-ce par un orage, cette solitude sera pour moi le temple du plaisir. Que dis-je? père, époux, citoyen, homme de lettres, je me dois à mille devoirs; ma vie n'est pas à moi; adieu, mon cher jardin, adieu! L'amour du sang et de la patrie m'appelle à la ville. Garde tous tes plaisirs pour dissiper bientôt tous mes nouveaux chagrins, et sauve ma vertu de leurs atteintes! »

Voici quelques-uns des proverbes de la Chine : on ne peut enregistrer avec trop de soin la sagesse des nations.

Un diamant avec une paille est préférable à une pierre commune sans défaut.

Les roses n'ont de parfum que quand elles sont épanouies.

Cœur étroit n'est jamais au large.

Qui est aveugle entend mal.

La raillerie est l'éclair de la calomnie.

Les poissons ne voient pas l'eau.

Chien qui relève la queue méprise son ennemi; tigre qui baisse la sienne va bientôt le dévorer.

Il n'est pas rare de trouver en Chine des poètes qui improvisent des vers. Le Chinois est un grand faiseur de citations : sa mémoire a été exercée de si bonne heure! et il a été obligé de retenir tant de choses! Il n'y a pas d'homme du peuple qui n'ait dans l'oreille le rythme de la poésie, et qui, au besoin, ne puisse écrire en vers son imprécation ou sa déclaration d'amour. Le théâtre y est très-ancien, très-compliqué et dans l'enfance; les meilleurs drames ou comédies sont joués sans façon et par quelques bateleurs au coin des rues, ou dans les maisons des particuliers. On peut dire que toute la littérature de ce peuple, et par conséquent toute son histoire, se retrouve dans ses romans. Dans ces romans sont représentées au naturel les mœurs de ce peuple singulier. On y retrouve à chaque instant des traces nouvelles de son exquise politesse, de sa soumission à l'autorité, de son respect pour toutes les distinctions sociales, de ses chastes amours et de son innocente sensualité. Aussi ai-je été bien heureux de rencontrer, en entreprenant cette tâche, le roman des *deux couleuvres fées*, que vient de traduire M. Stanislas Julien, cet homme si savant et de tant d'ingénieuse persévérance qu'on retrouve partout et toujours à propos de la Chine, et qui serait mis sans aucun doute au premier rang parmi les Kiaï-youân. C'est encore à M. Stanislas Julien que j'ai emprunté les passages de l'*Orphelin de la Chine*, cette tragédie qui a eu l'honneur d'inspirer une des belles tragédies de Voltaire, ainsi qu'une *nouvelle* tout-à-fait digne de fournir une tragédie au théâtre chinois.

Grâce à ce puissant auxiliaire, et aussi grâce au travail [1] de traduction auquel je me suis

---

[1] Confucii *Chi-king, sive Liber carminum, ex latina P. Lacharme interpretatione.*

livré avec beaucoup d'ardeur, et qui m'a coûté plus de soins et de peines que la traduction du chinois n'en peut coûter à M. Stanislas Julien lui-même, j'espère avoir donné une idée de cette littérature, qui fait un si étrange contraste avec les autres littératures de l'Orient. Comparez, en effet, un morceau d'*Antar* ou de toute autre poésie arabe avec les odes chinoises ; comparez *Sacountala*, ce chef-d'œuvre, avec l'*Orphelin de la Chine* ; comparez les poètes indiens, et les poètes arabes, indociles, indomptés, vagabonds, avec les calmes et paisibles Chinois, si soumis à toute autorité, et vous jugerez par vous-même de la différence qui existe entre une littérature stationnaire et une littérature en mouvement : l'une est colorée, vivante ; l'autre est terne et morte. L'une agit sur l'ame, et sur le cœur, et sur l'esprit, et sur les sens : c'est à peine si l'autre attire votre attention ou votre intérêt. Souvenez-vous de ceci, vous, jeunes gens qui entrez dans l'étude des lettres humaines, il faut absolument que les beaux-arts marchent, soit pour avancer, soit pour reculer.

A cette condition seulement la poésie est de la poésie, la peinture est de la peinture. Heureuse la poésie qui marche en avant ; malheureuse la poésie qui recule ; mais trois fois malheureuse, et trois fois à plaindre, et trois fois morte, la littérature d'un peuple qui reste à la même place pendant des siècles sans avancer ni reculer !

Une pareille poésie est bien près de ressembler à la poésie chinoise, et c'est là le plus grand malheur qui lui puisse arriver, malgré ce proverbe chinois, tant soit peu empreint d'amour-propre et de vanité :

« Ce n'est pas par ses cris, dit ce proverbe, c'est en prenant son vol qu'un canard sauvage fait partir les autres canards après lui. Le Chinois tient de l'antiquité qui l'a vu naître les grâces tendres et naïves de la beauté, qui ne connaît de miroir que celui des eaux. »

HAN-WEN,
LE LETTRÉ.

CHAPITRE PREMIER.

Sous la dynastie mongole des Yoan[1], dans le district de Tsien-tang, dépendant du département de Hang-scheou-fou de la province de Tché-Kiang, il y avait un étudiant nommé Hiu; son surnom était Sien, et son nom honorifique Hân-wen. Son père Hiu-ing, dont le titre était Nanki, exerçait la profession de marchand. Sa mère se nommait Tchin-chi.

Le héros de cette histoire, Hân-wen, avait à peine atteint l'âge de cinq ans, que

---

[1] La dynastie des Yoan a régné en Chine depuis l'an 1260 jusqu'en 1361.

la mort vint le priver de ses deux appuis naturels, son père et sa mère; ils descendirent l'un et l'autre dans la tombe, et la première connaissance de Hân-wen dans la vie, ce fut la douleur.

Voici les premiers vers que Hân-wen entendit chanter, quand son père Nanki fut mort :

A quelle heure de nuit sommes-nous? nous ne sommes pas encore à la moitié de la nuit. Les flambeaux placés dans le vestibule jettent leur lumière. Des hommes sages arrivent, les cloches retentissent, et font sans cesse : *tsiang-tsiang*.

A quelle heure de nuit sommes-nous, nous sommes au-delà de la moitié de la nuit, et le jour ne veut pas poindre encore. Les flambeaux placés dans le vestibule donnent une lumière douteuse. Des hommes sages arrivent, les clochettes retentissent, et le bruit annonce qu'ils ne sont pas loin.

A quelle heure de nuit sommes-nous? Le jour arrive ; les flambeaux placés dans le vestibule rendent une lueur blanchâtre. Les hommes sages arrivent, et je vois briller leurs bannières.

Ainsi chantèrent les premiers arrivés pour les cérémonies funèbres; quand ils furent tous réunis, il y en eut un qui chanta tout seul les vers suivans, et tous les assistans l'accompagnaient de leurs gémissemens :

Les corbeaux aiment les montagnes; ils volent en agitant également les deux ailes; ils volent, ils se mettent en troupe, et ils ont l'air de se reposer. Tout le monde est à l'aise, et moi je souffre. Et qu'ai-je fait au Ciel ? que peut-on me reprocher ? Pourquoi suis-je ainsi poursuivi ?

La grande route est large, elle passe dans une plaine, elle est couverte d'herbes sauvages. Mon ame est accablée et comme percée de mille douleurs. J'ai mes habits de jour, et je suis couché, et je soupire du fond de l'ame. La douleur me fera vieillir trop tôt. Mon ame est étouffée par le chagrin, et ce que je souffre ressemble à un grand mal de tête.

A la vue des mûriers et des arbres Tsée, que mes parens ont plantés, je me sens tout d'un coup rempli de respect et de religion. Je ne vois plus que mon père, je m'en repose sur ma mère. Mes cheveux ne sont-ils pas les leurs ! mes parens ne m'ont-ils pas serré dans leurs bras ? ah ! pourquoi le Ciel m'a-t-il donné la vie, pourquoi dans un pareil temps ?

Que ce saule est beau ! Il se déploie, et la cigale

chante auprès de lui. Que cette eau est profonde ! que ces joncs sont épais et touffus ! Je suis comme la barque qu'on laisse aller au gré de l'eau, et qui ne sait pas où elle s'arrêtera ; je souffre, et je n'ai pas le temps de me coucher et de dormir.

Le cerf court, mais sans trop s'écarter de ses compagnons. Le faisan chante le matin, il appelle sa femelle. Je ressemble à l'arbre vermoulu, qui n'a plus de branches. Je souffre, et l'on n'en sait rien.

Que le lièvre se jette sur nous pour échapper au chasseur, nous pourrons bien lui faire grâce, et le laisser aller. Qu'il y ait un cadavre dans la route, il arrivera parfois au voyageur de l'enterrer. Mais ce haut personnage est autrement fait, en pareil cas il n'aurait pas pitié de ceux qui le méritent. Et moi dans mon angoisse je pleure bien fort.

Ce haut personnage avale la calomnie sans hésiter, comme il fait les rasades qu'on lui verse. Il n'est pas assez bon pour y regarder à deux fois. Ceux qui taillent des arbres regardent bien où ils mettront le pied ; ceux qui fendent le bois suivent toujours les lignes et les veines. Mais ce prince renvoie les accusés sans les venger, et il rejette l'accusation sur moi.

Une montagne est haute, une autre est plus haute. Une source est profonde, une autre est plus profonde. Le sage ne parle pas au hasard, car il y a des oreilles cachées contre les murs de la chambre. N'approche pas de mon pont; ne jette pas mes filets. J'observe avec crainte tout ce qui se passe, tout ce qui dépend de moi. Quant aux choses futures qui me regardent, et sur lesquelles je ne puis rien, que voulez-vous que j'y fasse?

C'est ainsi que les premiers souvenirs de Hân-wen furent des souvenirs de deuil; c'est ainsi qu'il resta seul, orphelin de père et de mère, dans un petit lit et dans une pauvre maison. Heureusement pour Hân-wen il avait une sœur aînée, nommée Kiao-yong; cette sœur avait épousé un habitant du même district, appelé Li-kong-fou. La sœur de Hân-wen voyant son jeune frère tout seul, le prit chez elle du consentement de son mari, et tous deux ils l'élevèrent comme un fils. Le mari et sa femme voyant le jeune Hân-wen si bien venir, et si joyeux, et si naïf, et si heureux, et si épanoui, qui jouait dans les allées du jardin comme un enfant, se le montraient du regard et de l'ame, et la femme, heureuse de voir son petit frère si bien grandir, chantait ces vers à son mari :

Le concombre est d'abord petit, et pourtant il se répand au loin et en mille rameaux. Telle a été l'origine de la famille Tcheou. Elle a été d'abord dans le pays où passent les fleuves Tsou et Tsi. Tan-fou vivait dans une caverne et dans un réduit souterrain où l'on avait percé des voûtes qui partaient l'une de l'autre. Il n'avait pas d'autre asile.

Le lendemain Tan-fou monte à cheval ; il arrive au bord occidental du fleuve, au pied de la montagne de Ki, et ayant tout regardé avec sa femme, il s'établit dans cet endroit.

Les plaines et les champs y sont fertiles. La plante Kin s'y plaît comme la chicorée qui donne si bon goût à l'orge. Arrivés là, ils se mirent à délibérer et à faire cuire une tortue. Cela fait, et les présages étant bons, ils dirent : restons ici, nous y serons bien logés ; il en est temps, bâtissons une maison.

C'est là qu'ils ont adouci leurs peines. C'est là qu'ils ont fixé leur demeure. A l'orient et à l'occident ils ont réglé les bornes de leur domaine et les limites de leurs champs. Ils se sont distribués en divers établissemens. Ils ont fait des lois sur la culture. Du couchant au levant ils n'ont rien laissé en souffrance.

L'homme qui avait l'œil à la construction de la ville, et celui qui dirigeait les travaux publics, furent mandés. On leur ordonna de bâtir des maisons, de prendre l'aplomb, à l'aide duquel les constructions sont perpendiculaires; on disposa régulièrement la charpente; mais ce qu'on bâtit avec le plus de soin, ce furent les appartemens des morts.

L'ouvrage est en train, on emporte la terre à pleines corbeilles, on la met en tas. Les travailleurs fredonnent bruyamment leur *hong-hong*, d'autres y répondent en fredonnant leur *teng-teng*. Les murs s'élèvent, on ôte ce qui passe le niveau, et on répare les irrégularités. On voit paraître maisons sur maisons. On frappe des cymbales, cela veut dire qu'on en a fait assez; mais le travail va toujours.

On met une porte à la ville capitale, on la fait bien haute, et c'est par elle que le prince a coutume de sortir et d'entrer. On y travaille tant qu'on peut. On établit un lieu pour les sacrifices, en vertu desquels on déclare la guerre ou l'on commence une entreprise.

Ce prince n'a pas échappé à l'envie, mais elle n'a pu mordre, et elle ne lui a rien pris de sa gloire. Les arbres Tse et Yu avaient poussé bien peu de branches, et les chemins étaient ouverts et libres. Les barbares s'enfuient, ils n'osent souffler, ils sont trop contens d'être encore de ce monde.

Et voilà comment la sœur de Hân-wen élevait son jeune frère en chantant des vers à son mari. L'enfant s'arrêtait au milieu de ses jeux, puis il arrivait à petits pas devant sa sœur, et il l'écoutait chanter.

C'est ainsi que la sœur de Hân-wen apprit à son jeune frère l'histoire de la noble famille des Tcheou :

La noble famille des Tcheou descend d'une femme de Kiang-yuen; et comment? Cette femme était sans enfans; elle priait de tout cœur, elle faisait des sacrifices parfaits. Le Seigneur et Maître de toutes choses avait laissé la trace du grand -doigt de son pied : elle s'y attacha, et voilà que dans ce lieu désert, où il s'était arrêté, elle sentit remuer profondément son sein ; de là elle conçut. Elle séjourna dans une maison voisine, et y accoucha d'un fils, de ce Heout-si, d'où sortit la noble race des Tcheou.

Le terme de sa grossesse arrivé, elle mit au monde son premier enfant, comme la brebis son agneau, sans travail, sans douleurs, sans plaintes, sans souffrances, ce qui présageait bien les hautes qualités de l'enfant. Mais aussi, ce que fait le Seigneur et Maître de toutes choses, il le fait sans effort, et il agrée les sacrifices. C'est ainsi qu'elle mit l'enfant au monde.

Elle le jeta dans un petit sentier, et les bœufs et les brebis n'avaient garde de marcher sur lui;

ils le caressaient même. L'enfant ayant été jeté dans un grand bois, il se trouva là des bûcherons. Elle le jeta sur la glace, et les oiseaux étendaient les ailes pour le protéger. Les oiseaux s'en allèrent; alors Heout-si commença à crier, et à crier bien haut, de manière à être entendu dans les chemins au loin et au large.

L'enfant rampait des pieds et des mains. Il grandit et prit des forces, et il demanda à manger. Il commença à cultiver des fèves, et les fèves qu'il avait semées, et les grains qu'il avait semés, soit maïs, soit froment, levaient vigoureusement et magnifiquement; quelle récolte de grands et de petits concombres!

Quand Heout-si se mit à la culture, il avait assez de gens pour l'aider. Quand il avait ôté d'un champ les herbes qui l'infestaient et qu'il les avait moissonnées, il y jetait de bonne semence; mais des semences brutes dont la cosse ne s'ouvrait pas, il les froissait, faisait fendre les cosses, et quand la semence était ainsi préparée, il la mettait en terre, et peu à peu les germes venaient à poindre, ils s'élevaient en épis, et les épis se formaient en grains et mûrissaient; on les voyait beaux et pleins et penchés par leur propre poids. C'est ainsi qu'il eut une maison et un champ dans le pays de Taï.

Il donnait le meilleur grain aux semeurs; c'étaient différentes sortes de mil et de froment, les unes noirâtres, les autres à deux grains par cosse, les unes rosées, les autres tirant sur le blanc. Une partie de son blé restait en tas au champ après la moisson; il enlevait le reste sur son dos ou sur ses épaules pour s'en servir dans les sacrifices, dont il fut l'auteur, pour faire des offrandes.

Et voici comment se font nos sacrifices et nos offrandes : on broie le blé au pilon; puis on le tire du mortier, on le vanne, on le froisse bien à la main, on le lave dans l'eau, qui tombe dans le vase en murmurant *seou-seou*, et enfin on fait cuire les gâteaux à la vapeur et à la fumée de l'eau bouillante. On prend jour pour jeûner et se purifier le cœur; on offre de la graisse parfumée d'herbes; on a pour cela un mouton en l'honneur de l'Esprit. On fait rôtir et griller la chair; afin que l'année d'après soit heureuse.

On remplit différens vases, et l'odeur des viandes s'élève agréablement dans les airs. Cet hommage plaît au Seigneur et Maître de toutes choses, qui veut bien l'agréer. Mais pourquoi parlons-nous de l'odeur des offrandes et du temps qui convient à ces sortes de sacrifices? Dès que Heou-tsi eut institué ces sacrifices, le peuple cessa de commettre des crimes; il ne fit plus rien dont il eût à se repentir, et voilà où il en est encore.

Quelquefois c'était l'oncle de Hân-wen qui veillait à l'éducation de son jeune ne-

veu, car il l'aimait comme un fils. Il lui enseignait la morale et les lois, l'agriculture, et ce qui vaut mieux, il lui apprenait à vivre en homme honnête et poli, et comment on traite ses hôtes et ses amis. Ainsi, quand un ami venait le voir, l'oncle de Hân-wen le recevait tout de suite avec les paroles de l'hospitalité :

Le cerf brame doucement, et l'herbe parfumée vit dans la campagne. J'ai reçu un hôte illustre, on chante en jouant du che, on chante en jouant du cheng[1] ; on tient à la main une boîte pleine d'étoffes de soie, et on la lui offre par honneur. Ceux que j'ai fait mes amis me montrent le grand chemin de la vertu.

Le cerf brame doucement, et l'herbe parfumée vit dans la campagne. L'hôte illustre qui se tient chez moi, a un air de grandeur; sa vertu jette un magnifique éclat; il n'oublie ses peuples en rien, et sa sagesse en remontre aux sages. Quant à moi, je tire mon bon vin de la cave, et je veux que mon hôte illustre s'en donne à cœur-joie.

Le cerf brame doucement, et l'herbe parfumée vit dans la campagne. J'ai un hôte illustre; je le fête avec un concert; les lyres Che et Kin re-

---

[1] Instrumens de musique chinois.

tentissent, et le plaisir, qui naît de l'harmonie, se tient long-temps dans l'ame. Je tire mon bon vin de la cave, et je veux que mon hôte illustre s'en donne à cœur-joie.

Et les jours de fête, quand ses amis tardaient trop à venir, au lieu de s'emporter et d'être irrité, l'oncle de Hân-wen avait encore des chansons pour ses amis absens:

Le bois qu'on abat retentit et répète *tsching-tsching*. L'oiseau qui caresse l'oiseau de même espèce chante et dit: *ing-ing*; il s'élève du fond de la vallée, et s'en va au haut d'un grand arbre, répétant son *ing-ing*, et appelant par là son ami. Ainsi nous voyons que les oiseaux parlent, et qu'ils peuvent appeler et demander leur ami. Quoi donc? l'homme étant l'homme, sera-t-il seul à se passer d'amis? L'ami qui entend ce que je dis ici, l'accueille assurément et avoue cette doctrine de fraternité.

Ceux qui abattent le bois à force de bras, fredonnent bruyamment leur *hou-hou*. Ceux qui font du vin, le clarifient avec des paniers ou avec de l'herbe. J'ai apprêté un agneau pour le festin; j'invite de vieux amis de même nom. S'ils ne venaient pas, que ferais-je? n'importe, je ne dois pas me désoler si fort. Oh! j'arrose et je balaie ma maison comme il faut; j'ai neuf plats sur table; j'ai un beau mouton pour faire grande chère; j'invite de vieux amis de divers noms. Ils ne prennent pas la peine de venir; eh bien, que ferons-nous? n'importe, je ne dois pas leur en vouloir.

On abat du bois dans les escarpemens; on clarifie beaucoup de vin; on a rangé une foule de vases; nos pères ne sont pas loin. Ceux qui oublient la vertu et la bienfaisance, font jeûner leurs amis et les reçoivent mal, et ils ont grand tort. Pour moi, je prends ce qui me reste de vin et je le clarifie; si je n'en ai pas, j'en vais acheter pour fêter mes amis; je frappe des cymbales, et je leur fais dire: *kan-kan*. Je danse tantôt incliné, tantôt bien droit. Dès que je le puis, je verse à mes amis du vin clarifié.

Et les amis à leur tour avaient des chants pour leur hôte, et c'était à qui célébrerait le plus la magnificence de leur ami par des chansons et par des vers; car la joie appelle la joie, le vin appelle le vin, les bons vers appellent les bons vers. Voici ce que chantaient les amis de Li-kong-fou:

Écartez les bœufs, écartez les bœufs, qu'ils n'aillent pas broyer sous leurs pieds les touffes de joncs qui croissent le long du chemin. Les arbres commencent à bourgeonner et à donner de l'ombre. Arrangez-vous entre frères, ne vous brouillez pas, ne traitez pas vos parens en étrangers, mais en proches. Pour moi, je dis à mes parens de s'asseoir, je fais mettre la table et préparer un repas.

On fait le repas ; tout est à sa place. Les valets qui servent distribuent leurs fonctions : les uns présentent les plats, les autres versent à boire. On lave les coupes, on les range ; on sert les viandes et les sauces. Il y a des viandes qui grillent sur la braise, et d'autres qui rôtissent à la broche. Il y a des mets exquis : ce sont le foie et le museau des quadrupèdes. Cependant le concert va toujours, les uns chantent en chœur, les autres frappent des cymbales.

Les arcs sont bigarrés de figures sculptées dans le bois ; ils sont solides, et ils ont chacun quatre flèches faites exprès. Les flèches partent et vont au but. On fait choix de certains hôtes à cause de leur adresse. L'arc bariolé est tendu autant qu'il peut l'être ; on tire quatre flèches, qui restent droites au milieu du but ; mais les hôtes sont modestes, l'un ne méprise pas l'autre.

Toi qui as dirigé les offrandes et les cérémonies, tu nous as fêtés avec de bien bon vin ; tu nous as donné une grande coupe à boire. Nous te souhaitons une longue vie, un grand âge et des épaules ridées par la vieillesse comme la peau du poisson Taï. Veuille le Ciel que dans ta vieillesse tu aies quelqu'un pour te mener et te soutenir ; que ta vieillesse soit belle, qu'elle soit honorée et comblée de biens !

Et lorsque le jeune Hân-wen allait avec son beau-frère dîner chez les amis de son oncle, ceux-ci, charmés de sa bonne mine et de son air modeste et de toute la grâce de sa personne, le recevaient avec les paroles de bienvenue :

Les canards Fou-y se trouvent sur le fleuve Kin. Le jeune Kong-chi vient se mettre à table, et nous sommes charmés de le voir. Le vin que vous nous donnez est clair, les viandes que vous nous servez sentent fort bon. Le jeune Kong-chi mange avec nous, cela nous portera bonheur.

Les canards Fou-y se tiennent dans les ruisseaux sablonneux. Le jeune Kong-chi vient au festin ; il vient : tant mieux pour nous. Vous nous donnez du vin en abondance, vous nous offrez des mets excellens. Le jeune Kong-chi mange avec nous ; cela nous portera bonheur.

Les canards Fou-y se tiennent dans les îlots. Voici le jeune Kong-chi qui vient se mettre à table. Vos vins sont clarifiés et vos mets sont exquis. Le jeune Kong-chi mange avec nous, cela nous portera bonheur.

Les canards Fou-y se tiennent sur l'eau. Le jeune Kong-chi est tout fier d'être de notre grand repas. Il est à table dans les appartemens dédiés à nos ancêtres. Il faudra bien que le Ciel nous favorise. Cet enfant mange avec nous : cela nous portera bonheur.

Les canards se tiennent sur les torrens. Le jeune Kong-chi arrive, et nous nous réjouissons tous ensemble. Le bon vin nous met en belle humeur. Les chairs grillées ont une odeur agréable. L'enfant mange avec nous, cela nous portera bonheur.

CHAPITRE II.

Ainsi fut élevé Hân-wen; son enfance fut douce et tranquille, il n'entendit que de bons vers, et il ne vit que de bons exemples; la sagesse le prit d'une main, et la poésie le prit de l'autre main et le conduisirent ainsi jusqu'à la seizième année. Le temps s'écoule rapidement, les jours et les mois glissent comme la navette que lance une main légère.

A seize ans Hân-wen était un beau jeune homme; ses yeux étaient vifs et perçans;

ses sourcils noirs formaient deux arcs gracieux, et sa figure ronde brillait de tous les agrémens de la jeunesse. Sa sœur et son beau-frère le chérissaient comme un fils; mais enfin, le voyant grand et fort, ils songèrent à lui faire embrasser une vocation.

— Votre jeune frère, dit Kong-fou à sa femme, habite notre maison depuis son enfance; c'est notre enfant, et nous sommes, vous sa mère, moi son père; à présent qu'il est grand, ne voulez-vous pas qu'il apprenne un état, afin qu'il soit utile à lui-même et aux autres?

— Hélas répondit Kiao-yong, il n'est que trop vrai, mon frère est un pauvre petit orphelin, qui n'a plus que vous pour son père et moi pour sa mère; vous l'avez aimé et élevé comme un fils, et je vous en prie, faites en sorte, pour mettre le comble à vos bienfaits, qu'il ait un état, afin qu'il soit utile aux autres et à lui-même, et qu'il soit considéré de tous. — Ainsi parla Kiao-yong.

— Chère épouse, répondit Kong-fou, soyez sans inquiétude sur le sort de notre frère. A quelques journées d'ici s'élève le temple de la Montagne d'or : c'est une des merveilles du monde; c'est un temple saint et respecté pour ses oracles. Le vieux prêtre qui en est le gardien, est un savant devin, qui lit dans l'avenir, et qui sait les choses les plus cachées. Son nom de religion est Fa-haï. Si vous voulez, je prendrai Hân-wen par la main, et nous irons tous deux au temple de la Montagne d'or consulter le vénérable Fa-haï sur les destinées de votre frère.

A ces mots, Kiao-yong fut transportée de joie; puis le mari et sa femme firent le sacrifice du soir; après le sacrifice, ils entrèrent dans leur chambre et ils s'abandonnèrent au sommeil.

Le lendemain Kong-fou trouva que c'était un jour heureux; il prit ses habits de fête, il appela Hân-wen, qui était déjà habillé, et tous deux ils se rendirent vers le temple de la Montagne d'or.

La bonne et douce femme Kiao-yong, restée seule, compte les heures; à présent les heures sont lentes : quand son mari sera-t-il de retour?

Le faisan vole, et son mouvement est lent et doux. Cet homme que j'attends, ils le retiennent et le gênent sans raison.

Tantôt le faisan s'élève dans son vol, tantôt il se précipite en chantant. O vraiment, vraiment! mon ame est en peine de mon bon mari.

Je regarde d'ici-bas le soleil et la lune; je les contemple, et ces pensées arrivent incessamment à mon ame. On me dit que la route est longue; pourquoi donc m'assurer qu'il a pu la faire?

O sages, qui que vous soyez, vous n'avez pas la science de la vertu. Ne nuire à personne, n'envier rien aux autres, ces deux lois sont partout applicables et magnifiques.

———

Les feuilles de la citrouille ont un goût amer; les eaux du gué sont grosses; s'il est profond, on le passe sans ramasser ses habits et les tenir en haut; s'il ne l'est pas, on le passe en relevant effrontément les habits.

Le gué est plein; il déborde. La femelle du faisan chante son *Nias*. Le gué est plein, et l'essieu des roues ne s'y mouille pas. Le faisan femelle chante pour appeler le mâle.

L'oie chante paisiblement. Le matin, le soleil commence à rayonner. Celui qui veut se marier dans les formes n'a pas besoin d'attendre que la glace se fonde à la chaleur.

Le batelier me fait signe de sa barque; il m'appelle; les autres passent, et je reste; les autres passent et je reste; j'attends mon ami.

Et comme la tristesse de cette pauvre femme, à présent toute seule dans sa maison, sans son frère qu'elle avait élevé, sans son mari qu'elle aimait tant, allait redoublant sans cesse, elle se mit à fredonner malgré elle la chanson de la femme délaissée, et elle frissonnait en la chantant:

Le vent doux et faible qui s'élève de l'orient rassemble les nuées et apporte la pluie. En se maîtrisant, en le voulant bien, ils n'auront qu'une ame en deux corps. La brouillerie va mal aux époux, et la colère est un crime. On cueille l'herbe Fong, l'herbe Foei, et on ne regarde pas à sa racine. Tant que je remplirai mes devoirs, tant que je tiendrai pour la vertu, nous serons sûrs de vivre et de mourir ensemble.

Je marche lentement, et mon ame ne veut pas me suivre là où me portent mes pieds. Quand je partis, il ne m'accompagna que jusqu'à la porte de sa maison; le chemin ne fut pas long, il fut tout court. Qui dira qu'elle est amère cette herbe Tou, qui est douce comme l'herbe Tsi? Tu prends gaiment une nouvelle femme. Vous êtes heureux entre vous comme des frères.

21

Le fleuve King tombe dans le fleuve Ouei, de manière à en troubler les eaux; et pourtant, si on les fait séjourner en lieu convenable, elles deviennent pures. Tu célèbres gaîment tes secondes noces, et moi je répugne à ton cœur. N'approche pas de la digue que j'ai élevée contre l'eau, et ne brise pas mon roseau à pêcher; tu n'as pas le droit de me retenir, et je ne puis me garer de l'avenir.

Quand le fleuve était profond, je montais une barque ou un radeau; quand il ne l'était pas, je le passais à pied. Aurai-je ou non ce que je désirais? Je me mettais en peine et je cherchais. Si quelqu'un avait à régler une pompe funèbre, je m'y traînais, et je me démenais pour lui être en aide.

Tu n'as pas la force de m'aimer; que dis-je? tu me prends pour un ennemi. Tu ne te soucies pas de ma vertu, et je suis pour toi comme un marchand dont on n'estime pas les marchandises. Autrefois j'étais malheureuse, et tu me nourrissais; j'étais pauvre, et tu me nourrissais. Oui, tu m'as nourrie de ton pain; mais voici que tu me prends pour un poison.

J'ai là des provisions de bien bon goût; j'avais prévu l'hiver, quand je les préparais. Pour toi, tu prends gaîment une nouvelle femme, et tu me réduis à la pauvreté. Tu te donnes un air dur et méprisant, et tu me laisses en proie à la douleur, oubliant tous les biens que je t'avais donnés.

Elle chanta encore la chanson de deuil de l'amie qui a perdu son mari, et cette chanson la consola un peu. Elle était moins triste en songeant à toutes ses amies qui étaient mortes, qu'à son mari qui était absent.

L'hirondelle voltige irrégulièrement. J'ai accompagné bien loin mon amie qui partait : je lève les yeux et je ne la vois plus, et mes yeux s'épanchent comme par une pluie de larmes.

L'hirondelle, dans son vol, tantôt aime à s'élever, tantôt se précipite. J'ai accompagné assez loin mon amie qui partait : je lève les yeux par là ; elle a disparu pour moi : alors je m'arrête fondant en larmes.

L'hirondelle vole en chantant tour à tour d'une voix grave et perçante. Quand mon amie s'en alla, je l'accompagnai au midi par un assez long chemin. Je lève les yeux et je ne la vois plus, et je suis au désespoir.

Mon amie Tchong était sincère ; elle était sûre, passionnée pour le bien, prévenante pour toute la durée de l'amitié, bonne et aimant à le prouver, circonspecte et ne donnant jamais prise. Moi, femme d'une vertu ordinaire, elle m'exhortait à faire honneur à mon mari, qui est bien loin.

Cependant Kong-fou et son beau-frère Hân-wen s'acheminaient vers la Montagne d'or. L'un était inquiet sur la réponse du devin, l'autre était triste de quitter la maison paternelle; à peine était-il dans la campagne, qu'il se prit à chanter ces tristes vers :

La plante Gouo s'élève beaucoup; mais elle a disparu; il ne reste que la plante Hao. Hélas, mes pauvres parens! ils m'ont donné la vie et la nourriture : quelle peine ils ont prise!

La plante Gouo s'élève beaucoup; mais elle a disparu; il ne reste que la plante Yu. Hélas, mes pauvres parens! ils m'ont donné la vie et la nourriture, et ils n'ont eu que fatigues et maladie!

Quand la petite bouteille est vide, la cruche fait la fière. Les malheureux n'ont plus d'amis; mieux leur vaudrait mourir. Ils n'ont plus de père; ils sont là par terre sans assistance. S'ils sortent de chez eux, ils cachent bien avant leurs douleurs; s'ils rentrent, ils ne trouvent pas de refuge.

Mon père m'a engendré, ma mère m'a enfanté et nourri. Quand j'étais tout enfant, elle m'élevait de son mieux et me touchait bien doucement. Elle veillait sur moi; elle me faisait croître et prendre des forces; elle me couvrait de sa protection; elle regardait de tous côtés, se tenait sur le qui-vive; elle était là pour me garder et me défendre. A la maison, hors de la maison, elle me tenait chaudement dans ses bras. Je voudrais bien la payer de tout cela; mais prenez donc la mesure du ciel!

Le mont Nan-chan est haut et vaste; les vents y soufflent avec force. Tout le monde est à l'aise; pourquoi donc suis-je seul à souffrir?

Le mont Nan-chan est bien haut; il embrasse une immense étendue; les vents y soufflent souvent. Tous ces gens sont heureux; pourquoi suis-je seul à me désoler toujours?

Kong-fou, voyant son frère si triste, se mit à chanter une chanson joyeuse pour consoler ce pauvre Hân-wen:

Il est tombé beaucoup de rosée, et l'herbe ne sèchera qu'à la chaleur du soleil. Reposons-nous, prenons du plaisir, passons la nuit à table, et ne rentrons chez nous qu'après avoir bien bu.

La rosée est abondante; elle repose sur des herbes vigoureuses. Prenons du plaisir; passons la nuit à table, et quoique nous nous tenions dans des appartemens reculés, n'oublions pas les lois de la raison et du goût.

La rosée est forte; elle repose sur les buissons et les saules. Hommes sages! vous qui êtes habiles, vous dont on vante la sincérité, vous tous qui êtes ici, vous savez bien toutes les convenances de table.

Les fruits de l'arbre Tong viennent par rangées. Les hommes sages, au fort de la gaîté, n'ont jamais l'air de manquer à la décence et à la politesse.

Mais Hân-wen, tout entier à sa tristesse, quand son frère avait fini son chant joyeux, reprenait son chant lugubre :

Je monte une montagne aride, sans herbe et sans arbres, et de là je vais regarder la maison de mon père, et je le ferai parler ainsi: «Hélas! mon fils travaille maintenant pour le roi; il n'a de repos ni le jour ni la nuit.»

Je monte une montagne plantée et couverte d'herbes, et de là je regarderai la maison de ma mère, et je la ferai parler ainsi : «Hélas! mon cher enfant sert déjà le roi, et il ne peut dormir ni jour ni nuit, mon pauvre enfant!

Je monte la crête droite d'une montagne, et de là je regarderai la maison de mon frère aîné : «Hélas! dit-il, peut-être mon jeune frère travaille déjà pour le roi, et il s'épuise nuit et jour; ce qu'il a tout d'abord à faire, c'est de venir et de ne pas mourir là-bas.»

L'honnête et laborieux Kong-fou, voyant

son frère si découragé, lui répondait et l'exhortait au travail et à la patience en ces termes :

Ceux qui abattent du bois à tour de bras, fredonnent leur *Kan-kan*. On coupe les arbres de Tan, on les range le long du fleuve, dont les eaux se rident et se sillonnent sous le vent. Si l'on ne sème pas, si l'on ne moissonne pas, comment avoir du grain pour nourrir une foule d'hommes? Si tu ne chassais pas, comment verrions-nous ces peaux de Kiu-en accrochées dans ton vestibule? Ce n'est pas être sage que de manger sans travailler beaucoup.

Ceux qui abattent du bois à tour de bras, fredonnent leur *Kan-kan*. Les bois, coupés pour faire des rayons de roues, sont disposés le long du fleuve, dont l'eau coule paisiblement. Si tu négliges l'agriculture, si tu ne fais pas ta moisson, où prendras-tu tes trente millions de mesures de blé? Si tu ne chassais pas, comment verrait-on ces peaux de sanglier accrochées dans ton vestibule? Celui-là n'est pas sage, qui travaille à demi et veut manger tout son soûl.

Celui qui abat le bois à tour de bras, travaille en fredonnant son *Kan-kan*. Le bois coupé pour faire des roues, se met le long du fleuve, dont l'eau tremble sous un petit vent. Si tu tiens mal ton champ, si tu ne fais pas ta moisson, comment rempliras-tu tes trois cents greniers? Si tu ne chassais pas, comment verrions-nous ces alouettes accrochées à ton grenier? Celui-là n'est pas sage, qui veut manger et ne rien faire.

Hân-wen par ces sages paroles fut rendu à des pensées plus raisonnables. Peu à peu l'exercice, le grand air, la variété et la nouveauté de la route apportèrent à chaque pas de nouvelles distractions à ses chagrins. Peu à peu il abandonna son ame à toutes les impressions de la route; le chant de l'oiseau, le travail du laboureur, le bleu du ciel, dans le lointain le sommet des montagnes, le nuage léger qui passe et qui se replie sur lui-même, le petit cri de l'insecte qui élève sa voix vers Dieu à sa manière, toutes ces choses réunies, tout cet éclat, toute cette vie, toute cette activité, portèrent l'espérance dans le cœur de Hân-wen. Arrivé sur les bords d'un grand fleuve, il chanta avec transport ces vers en l'honneur de l'empereur :

Voyez la rive du fleuve Ki; comme elle est riante avec la verdure de ses roseaux jeunes et frêles!

Notre prince est magnifique; il ressemble à l'ouvrier qui taille et polit son ivoire; il ressemble à l'ouvrier qui taille et polit le diamant. Comme il se présente gravement, avec quelle majesté, quel éclat et quelle grandeur! Ce noble prince, ce grand sage, qui l'oubliera jamais?

Voyez la rive du fleuve Ki; comme ses verts roseaux donnent richement! Ce prince, orné de ses vertus, avec ses rubans pendant à chaque oreille, avec ses perles brillantes, qui sont disposées dans ses fourrures pour y faire étoiles; comme il se présente noblement!

Voyez la rive du fleuve Ki; comme ses roseaux verts sont beaux dans leur abondance. Ce prince magnifique ressemble à l'or et au plomb épurés par le feu. Il est admirable pour sa sagesse et sa grandeur d'ame; il plaisante et se divertit dans le char Tschong-kiao, mais toujours avec mesure.

Kong-fou, voyant la gaîté revenue au cœur de son jeune compagnon, prit à son tour un ton plus grave:

Un poirier s'élève tout seul près du chemin. J'appelle les hommes sages; je les prie de venir à moi. Je le souhaite bien fort, pourvu que j'aie de quoi les faire boire et manger.

Je suis un poirier solitaire; j'ai grandi au détour du chemin, et je demande à ces hommes sages s'ils veulent se promener avec moi ; je le souhaite bien fort, pourvu que j'aie de quoi les faire boire et manger.

A ces mots « les hommes sages », Hân-wen eut regret de sa gaîté de tout à l'heure, et, revenant à penser que lui, lui aussi, il allait devenir un homme sage, il répéta la complainte du laboureur :

Les oiseaux Pao volent ; ils agitent leurs ailes, qui murmurent *sou-sou*. Ils s'abattent sur des chênes touffus. Puisqu'il faut poursuivre les affaires du roi et ne jamais les suspendre, on ne peut plus travailler aux champs et cultiver le millet. A qui recourront nos parens ? Ciel bleu, qui es si loin de nous, dis-nous donc quand nous irons par là !

Les oiseaux Pao volent et agitent leurs ailes ; ils s'abattent sur les buissons. Puisqu'il faut mener à fin les affaires du roi et la chose publique, où prendre le temps du labourage ? Et nos parens, comment vivront-ils ? Ciel bleu, qui es si loin de nous, dis-nous comment cela finira !

Les oiseaux Pao volent en troupe ; ils agitent leurs ailes, qui murmurent *sou-sou*. Ils s'abattent sur des mûriers épais. On ne peut se relâcher du service du roi ; on n'a plus le temps de cultiver le riz et le millet. Mais nos parens, qu'auront-ils à manger? Ciel bleu, qui es si loin de nous, quand reviendrons-nous à notre premier état?

Alors Kong-fou, voyant que l'esprit de son jeune frère allait trop loin, et voulant le faire rentrer dans de justes bornes, le regarda d'un air sévère, et il lui dit d'une voix basse et lente ces vers, où était résumée toute la sagesse de leurs pères.

Les champs sont pleins de ronces et d'épines, et c'est à qui les nettoiera. Il y a long-temps qu'on nous a donné cette tâche. Comment cela va-t-il? Nous cultivons deux sortes de mil, et deux autres encore ont bien donné. Nos greniers sont pleins, le blé est en monceaux, et nous en avons des cent mille mesures. Là-dessus nous préparons le vin et les mets pour faire des offrandes et des cérémonies, pour avoir bonne chance, pour obtenir un grand bonheur.

On amène en grande pompe des taureaux et des bœufs gras, soit en hiver, et la cérémonie s'appelle Tching, soit en automne, et elle s'appelle Tchang. Les uns les écorchent, les autres font cuire la chair, les autres la servent avec symétrie. Les cérémonies et les prières se font aux portes du vestibule, et tout a un air de grandeur. Le père antique d'où nous sommes descendus, était grand et auguste. L'esprit qui nous protège agrée nos offrandes et nos cérémonies. Les descendans qui honorent leurs aïeux réussissent en ce monde; pour prix de leur piété, ils ont beaucoup de bonheur et une belle immortalité.

On a grand soin de la chaudière; on a de grands vases pour les offrandes. Les uns grillent la chair, les autres la font frire. La maîtresse de la maison est bien propre; elle est pleine de décence et de dignité. Ceux qui prennent part aux cérémonies se versent mutuellement du vin, et celui à qui on verse du vin en verse à un autre. Tout est réglé par les lois et les usages. Qu'on rie, ou qu'on parle, c'est toujours décemment; aussi l'esprit leur veut-il grand bien; il les récompense richement, il leur accorde l'immortalité.

Nous avons rempli de notre mieux tous ces devoirs; nous n'avons manqué à aucune formalité. Celui qui dirige les prières, nous avertit que ceux qui honorent leurs parens seront un jour très-heureux, et que leurs descendans le seront aussi; que les mets offerts pour célébrer la mémoire des ancêtres sont une offrande et un parfum agréables à l'esprit; qu'il accepte ces vins et ces viandes; qu'en conséquence nous n'avons plus qu'à demander, et parce que nous n'avons rien négligé dans ces cérémonies, on te promet, ô père de famille, quelque chose de grand et d'éternel, et ton bonheur augmentera de jour en jour et jusqu'à l'infini.

Les cérémonies terminées, on n'agite ni clochettes, ni cymbales; chaque descendant s'en va chez lui. Celui qui règle les prières parle ainsi : l'esprit accueille vos prières et les exauce. Le représentant des morts se lève; on le salue avec un roulement de clochettes et de cymbales, et on le reconduit. L'esprit tutélaire remonte au ciel; aussitôt les grands personnages qui étaient présens, et la maîtresse de la maison, se retirent; le père de famille fait un repas particulier avec ses frères.

On apporte des instrumens dans les appartemens intérieurs; on fait un concert, et on se repose dans l'espoir d'un grand bonheur. On sert des mets, on fait bonne chère, on est plein d'accord et de gaîté. Quand on a bien bu et bien mangé, petits et grands se mettent à rendre grâces. L'esprit a agréé le vin et les viandes; il les a acceptés, et il accorde longue vie au père de famille. Tout s'est fait en son temps et avec ordre. En pareille chose, il faut de l'exactitude. O vous tous, fils et petits-fils, suivez cet exemple, et gardez-vous de manquer à ces devoirs envers vos ancêtres!

Hân-wen, entendant son frère parler ainsi, baissa les yeux, se repentit d'avoir parlé trop haut, et il monta en silence jusqu'à la Montagne d'or, résidence du vénérable Fa-haï.

Plus nos deux voyageurs s'approchaient du temple de la Montagne d'or, et plus ils étaient pénétrés de respect. Le temple est situé tout au sommet de la montagne; on découvre de loin les hautes tours qui s'élancent dans les airs. On y parvient par des milliers de portes ornées de sculptures et chargées de pierres précieuses, dont l'éclat brille au loin. Il est entouré de toutes parts de rocs sourcilleux, qui rendent plus douce la clarté du soleil. Des ruisseaux limpides serpentent autour du temple avec un doux murmure, et sur leurs bords fleuris des vases immenses et chargés d'ornemens répandent dans l'air de célestes parfums. A mesure qu'on approche du temple, mille bruits de prières se font entendre : tantôt le sourd murmure des cloches, tantôt le bruit solennel des cantiques; on croirait entendre de loin le bruit de la mer. Les arbres de la montagne protègent l'édifice du dôme épais de leur feuillage sacré. Souvent les flots qui entourent la montagne de leurs replis écumeux, sont sillonnés par des barques ornées de riches peintures d'or et d'azur, et chargées de lettrés célèbres ou de voyageurs puissans. Plus d'une fois il est arrivé que tel homme, qui etait venu du pélerinage de la Montagne d'or dans un simple but de promenade ou de curiosité frivole, touché tout à coup par la sainteté de ces lieux, a dit adieu à la richesse, aux vains honneurs du monde, pour se plonger dans les austères et délicieux devoirs de la vie religieuse. On peut dire que la Montagne d'or, ainsi chargée de merveilles, est tout-à-fait un séjour digne des dieux.

Les deux voyageurs se sentirent remplis de reconnaissance et d'amour à l'aspect de toutes ces merveilles. Ils entrèrent dans le temple en récitant leurs prières tout bas dans leur cœur. Après avoir parcouru plusieurs galeries, ils entrèrent dans le sanctuaire; là ils se prosternèrent humblement devant la statue de Fo. Bientôt après on les introduisit devant le grand-prêtre Fa-haï. Fa-haï était assis sous un dais magnifique; il avait toutes les apparences de la force et de la santé; l'âge n'avait rien ôté à la vivacité de ses regards. A l'aspect de Hân-wen et de son frère, il sortit de l'enceinte sacrée, et allant au-devant d'eux — Messieurs, leur dit-il après les saluts d'usage, veuillez entrer, afin que je vous offre le thé!

Kong-fou et Hân-wen, charmés du bon accueil, obéirent sans hésiter à l'invitation du vieillard; ils lui rendirent ses salutations, et après les actions de grâces, ils entrèrent avec lui dans le couvent. Quand ils se furent assis à la place marquée par les rites et qu'ils eurent pris le thé, Fa-haï leur adressa la parole. — Ce matin, leur dit-il, pendant que j'étais en méditation, j'ai su d'avance que mes deux nobles hôtes devaient me surprendre de leur honorable visite; j'oserai leur demander quel est leur illustre nom?

— Votre disciple s'appelle Kong-fou, répondit le frère de Hân-wen, et son surnom est Kien; il est originaire de ce pays. Votre serviteur a un beau-frère nommé Hin; son surnom est Sien, et son nom honorifique Hân-wen. C'est un jeune homme d'un esprit actif et d'un naturel excellent. Tout jeune enfant il est venu dans ma maison, son père et sa mère étant morts. Mais à présent il a senti le besoin d'être enfin un homme. Lui et moi nous avons besoin d'un bon conseil. Depuis long-temps nous avons entendu parler de la sainteté de cette pagode et de vos sublimes leçons sur la doctrine de Boudha (le Dieu Fo): voilà le motif qui nous a engagés à venir admirer ce temple et recevoir vos sages instructions. J'ignore si vous daignerez accueillir notre demande avec indulgence et bonté.

— Il y a long-temps, bien long-temps, répondit Fa-haï, que je désirais recevoir votre visite. Je sais que l'esprit plane sur la tête de ce jeune homme et le couvre de ses ailes. J'oserai demander à Monsieur Hân-wen s'il n'est pas instruit depuis son enfance dans les vers de nos poètes, dans les histoires de nos historiens, dans la philosophie de nos philosophes et dans les lois de nos législateurs?

— Oui, mon père, s'écria Hân-wen rempli d'étonnement, telles sont, en effet, les études de votre fils; comment avez-vous pu le savoir?

— Mon fils, répondit Fa-haï en souriant, le vieux prêtre qui vous parle connaît le passé et l'avenir; d'ailleurs il n'est pas difficile de voir que l'inspiration est répandue sur votre noble visage. Mais à quoi servent les dons de la nature, s'ils ne sont pas convenablement cultivés? A quoi sert l'intelligence sans la docilité, et comment pourrez-vous remplacer par vous-même les enseignemens des maîtres et l'exemple des sages? Mon avis est donc que vous entriez dans la retraite et dans l'étude, et que vous mûrissiez par la réflexion les nobles idées que Boudha, le maître du monde, a mises dans votre sein, afin que vous soyez utile un jour à vous-même et aux autres, et que votre nom soit honoré et béni.

A ces mots Hân-wen est saisi d'une noble émulation. — Les paroles de Fa-haï, se dit-il en lui-même, sont précieuses comme l'or et le jade; chacune de ses paroles est une vérité : comment donc pourrais-je ne pas lui obéir et ne pas me livrer tout entier à l'étude pendant qu'il en est temps, afin d'être utile à moi-même et aux autres, afin que mon nom soit honoré et béni?

Il dit, et se jetant aux pieds du religieux : — Mon père, lui cria-t-il d'une voix suppliante, votre disciple vous rend grâce de votre bonté pour lui, et il vous dit qu'il est résolu à vous obéir et à se soumettre aux leçons des maîtres, afin d'être toujours digne de votre puissante protection et de vos bons avis.

— Levez-vous, mon fils, lui dit Fa-haï en lui tendant la main, je ne suis qu'un vieux prêtre de Fo; mais, en embrassant la vie religieuse, j'ai adopté la bienveillance et la tendre pitié comme règles de ma conduite. Puisque votre esprit s'ouvre à la vérité, et que vous priez ce vieux prêtre de vous soumettre au joug de la raison, c'est la chose la plus facile. Je vous engage à rester quelque temps dans mon humble couvent, à vous livrer avec ardeur à l'étude, et à ne rentrer dans le monde que lorsqu'il en sera temps. Voilà mon conseil.

Hân-wen obéit au vieux prêtre. Il embrassa son beau-frère Kong-fou, non sans répandre quelques larmes; puis il entra dans le couvent, où il fut reçu comme un frère par les disciples de Fa-haï.

Si le lecteur veut savoir ce qui se passa ensuite, qu'il lise le chapitre suivant.

CHAPITRE III.

Kong-fou, resté seul, prit congé du vieux prêtre; il descendit lentement la Montagne d'or, et de temps en temps il se retournait, espérant voir son jeune beau-frère Hàn-wen, mais il ne voyait que le temple et ses tourelles, et au-dessus des tourelles les grands arbres, et au-dessus des grands arbres, le ciel bleu. Kong-fou descendit bien tristement la montagne, mais peu à peu son cœur redevint libre et joyeux, en pensant qu'il allait revoir sa femme bien-aimée, et qu'un jour il reverrait son beau-frère Hàn-wen estimé et respecté de tous.

Et tout en songeant à sa femme, Kong-fou répétait la chanson du retour :

La sauterelle Tsao-tchong chante son *yao-yao*; la sauterelle Fou-tchong s'avance en sautillant.

Quand les femmes ne voient pas revenir le bon mari, elles prennent l'alarme, et leur cœur bondit comme s'il quittait sa place. A la vue du bon mari, — voilà mon cœur, disent-elles, qui reprend tranquillement sa place!

Elles montent la montagne du midi pour y cueillir l'herbe Kin. En l'absence du bon mari, elles prennent l'alarme et se rembrunissent le visage. Revient-il, voilà disent-elles, que je me réjouis dans l'ame.

Elles montent la montagne du midi pour y cueillir l'herbe Ouei. En l'absence du bon mari — j'ai le cœur tourmenté, disent-elles, et je sèche de douleur. Au retour du bon mari — voilà que j'ai le cœur en paix, disent-elles.

De son côté, Kiu-yong, le cœur gros de soupirs, s'abandonnait à sa douleur, ne pensant pas que son mari était si proche.

Le vent ne s'apaise point. S'il me regarde, ce bouffon plein d'étourderie, plein d'orgueil, il rit, il plaisante. Et moi j'ai l'ame en peine!

Au souffle du vent l'air se charge de poussière. Il lui arrivera de vouloir venir à moi avec un visage ami; mais il ne vient pas, il ne s'approche pas; et moi je suis toujours agitée!

Le vent souffle et le ciel est à l'orage; le même jour le ciel est orageux, et il est encore orageux.

J'ai beau me coucher, je ne puis dormir, j'ai des fluxions à la tête, et des larmes dans les yeux.

Le ciel est orageux ; il retentit de tonnerres redoublés, en se faisant écho. Je ne puis dormir, et je pense solitairement.

Le chanvre croît parmi les coteaux ; ils pourraient bien y retenir mon Tse-tsue ; et plût au Ciel qu'il vînt et qu'il fût heureux !

Il y a des moissons parmi les coteaux ; n'y retiennent-elles pas mon Tse-koue ? Ah, s'il pouvait venir et souper avec moi !

Il y a des pruniers parmi les coteaux ; on les retient peut-être par là, on les retient peut-être par là. Je voudrais qu'ils me donnassent des perles, je les porterais suspendues à mes côtés.

Au même instant Kiu-yong entendit frapper à la porte ; c'était son mari, son bon mari, qui était de retour et qui la saluait de ces tendres paroles :

Il cueille la plante Ko, et s'il est un jour sans la voir, ce jour-là lui fait trois mois.

Il cueille la plante Siao ; s'il est un jour sans la voir, ce jour-là lui fait trois automnes.

Il cueille l'armoise ; mais, ne serait-il qu'un jour sans la voir, ce jour-là lui ferait trois ans.

Je vous laisse à imaginer les transports des deux époux ! Plus ils avaient été malheureux de leur séparation, et plus ils furent heureux de se revoir. Après les premiers transports, Kong-fou raconta à sa femme la noble résolution de son frère Hân-wen, et comment il était entré dans la retraite pour se livrer à l'étude.

Mais laissons les deux époux à ce calme bonheur domestique ; revenons à Hân-wen, et si vous voulez savoir la suite de son histoire, lisez le chapitre quatrième.

CHAPITRE IV.

Comme il avait résolu, Hân-wen se livra avec ardeur à l'étude; il fut docile aux leçons des maîtres, et sa bonne nature, aidée par cette docilité, le poussa bientôt à de grands progrès. Pendant deux ans qu'il passa sur la Montagne d'or, il étudia avec la plus grande ardeur les auteurs classiques et les historiens. Bientôt il s'éleva en même temps à une grande science et à une grande modestie. Quand arriva l'examen annuel du premier degré littéraire, il se présenta au concours et obtint le premier rang sur la liste des Sieout-Saï.[1]

Quand cette nouvelle parvint chez ses parens, Kong-fou et sa femme furent transportés de joie.

Durant plusieurs jours on célébra dans sa province le premier succès de Hân-wen; il reçut les félicitations de tous ses amis, et lui-même il fit toutes ses visites en habits de fête au milieu des éloges publics. Sa première visite fut au tombeau de son père et de sa mère, comme cela était juste. On entrait justement dans l'époque désirée qu'on appelle Tsing-ming (le mois d'avril); c'est alors que les pêchers et les pruniers commencent à fleurir. Hân-wen se mit en route pour porter des fleurs sur la tombe de ses parens.

— Hélas! se disait-il en lui-même, aussitôt que mon père et ma mère ont été morts, le mari de ma sœur est venu, qui

---

[1] Le mot *Sieout-Saï* signifie *talent en fleurs*; il s'applique à ceux qui ont obtenu le premier degré littéraire, qui répond à peu près au titre de Bachelier chez nous.

m'a recueilli et qui m'a servi de père. Il m'a donné lui-même les premières leçons dans la science et dans la vertu. Maintenant me voilà *Sieout-Saï*, et j'ai honte de penser que je n'ai pas encore été visiter la tombe de mes parens ; je ne leur ai encore offert aucun sacrifice funèbre. — Disant ces mots, il arrivait au cimetière. Quand il fut arrivé près des tombeaux de son père et de sa mère, Hàn-wen déposa les offrandes prescrites; il brûla des monnaies de papier doré, et les yeux baignés de larmes, il adressa ces hommages à son père et à sa mère :

Nous prenons jour pour la fête funèbre de nos aïeux. C'est avec un cœur pur, c'est avec une ame déchargée de vices que nous nous préparons à ces cérémonies. Nous préparons le vin et les mets.

En bons fils, en descendans respectueux, nous faisons offrande à nos ancêtres, et cela en temps réglé, soit au printemps, et alors la fête s'appelle Yo, soit en été, et alors on l'appelle See, soit en automne, et alors on l'appelle Tching, soit en hiver, et alors on l'appelle Tchang. Par ces cérémonies nous célébrons la mémoire de nos pères, et de ceux qui n'étaient pas rois, et de ceux qu'on appelait rois. Alors l'enfant, qui représente nos aïeux, vous prédit, ô roi, le bonheur et l'immortalité.

L'esprit vous assiste et vous accorde bien des choses. Les peuples sont contens, pourvu qu'ils aient de quoi vivre au jour le jour; car ils sont simples et ne voient pas trop loin. Le peuple chinois, à la chevelure noire, est votre gloire, ô roi!

Soyez comme la lune à son premier quartier, quand elle se hâte d'arriver à son plein; soyez comme le soleil qui jette ses premiers rayons. Vivez autant que la montagne Nan-chan; n'essuyez aucune perte, ne vieillissez en rien. Soyez comme le pin et le cyprès, dont les feuilles sont toujours vertes et naissent toujours les unes des autres. Soyez hors de tous les changemens, et vivez dans la paix et dans le bonheur!

Cette triste cérémonie accomplie, Hânwen sortit du cimetière, et comme l'air était doux et calme, il profita d'un si beau jour pour voir le lac Si-hou et les sites enchanteurs qui des deux côtés bordent son rivage. Il prit donc le chemin du lac, et après avoir parcouru plusieurs lis (lieues), il se trouva sur les bords du fleuve Kiang. Alors il monta sur une barque, et les eaux du fleuve Kiang le portèrent jusqu'aux rives du lac Si-hou. Le lac est dominé par de riches palais ornés d'élégans pavillons à plusieurs étages; il était couvert d'un millier de barques décorées de sculptures, et présentait l'aspect le plus animé. Hân-wen jetait sur ce brillant spectacle un regard mélancolique, quand tout à coup il aperçut deux jeunes filles qui étaient arrêtées au milieu du pont, et qui, la tête penchée au-dessus de l'eau, regardaient attentivement le spectacle varié que présentait le lac.

Bien que ces deux jeunes filles se livrassent entre elles à une familière et amicale causerie, il était facile de voir que l'une était la maîtresse et que l'autre n'était que la servante; cependant elles étaient toutes les deux bien belles. Une coiffure légère, comme un nuage diaphane, caressait leurs noirs cheveux; leur taille était svelte et gracieuse, et leur figure brillait de tous les charmes de la jeunesse et de la beauté. On les eût prises pour les filles de Wang-tsiang et de Si-ché; elles auraient éclipsé les deux Kiao [1], dont le nom retentit encore à l'orient du fleuve Kiang.

---

[1] *Les deux Chinois*, roman chinois, traduit par M. Abel Remusat.

De son côté la jeune fille se sentit émue à son tour en voyant la figure riante et fleurie de Hân-wen, sa tournure noble et aisée, et les agrémens répandus sur toute sa personne.

Tout à coup le ciel, qui jusqu'alors avait été serein, se couvre de nuages épais; le vent siffle, la pluie tombe. Tous les joyeux promeneurs qui étaient sur le lac ou sur les bords du lac prennent la fuite, si bien que Hân-wen resta presque seul avec les deux jeunes filles.

— J'ignore, se dit-il, qui elles sont et à quelle famille elles appartiennent; mais voyez quel malheur! cette pluie va m'empêcher de suivre leurs pas et de savoir leur demeure. Voici déjà la nuit, et il faut que je traverse le fleuve pour retourner chez mon maître. Demain je reviendrai pour prendre des informations si chères à mon cœur. — Et voilà où vous mène la passion : en ce moment Hân-wen, l'ingrat Hân-wen oubliait que son maître l'attendait et qu'il lui donnait mille inquiétudes!

Chassé par la pluie, il arriva au bord du fleuve Kiang, et il fit signe au batelier de venir le prendre et de lui faire passer le fleuve, lui promettant de quoi boire. Le batelier se hâta d'obéir, et il prit Hân-wen dans son bateau.

Ils voguaient depuis quelques instans, maîtres du vent et des flots, quand ils entendirent des voix de femmes de l'autre côté du fleuve, qui criaient: batelier! batelier! — et en même temps elles frappaient dans leurs mains. La pluie et l'orage les enveloppait comme d'un manteau, et c'était à peine si le batelier les pouvait distinguer. Mais Hân-wen les distingua si bien qu'il les reconnut tout de suite, et il dit au batelier :

— Voyez-vous sur le bord opposé ces deux jeunes filles qui vous appellent? Il faut les recevoir dans votre barque. Hâtez-vous, hâtez-vous! il y a de l'argent à gagner!

Le batelier joyeux poussa sa barque vers le rivage où l'appelaient les deux femmes.

La suivante descendit la première dans la barque; quand elle fut descendue, elle tendit la main à sa maîtresse, la conjurant de bien prendre garde à ne pas se blesser.

Puis elles prirent place modestement au bord du bateau, l'une contre l'autre. Alors Hân-wen s'approcha d'elles, et tout en rougissant il leur dit : — Mesdemoiselles, quel est votre pays? quel est le nom célèbre de votre famille? quel est votre noble surnom? où désirez-vous aller sur ce bateau?

— Monsieur, dit la suivante en souriant, ma maîtresse habite la ville de Tsien-tang, et sa maison est située dans la rue des *Deux Thés*. Son père était jadis général, gouverneur d'une ville des frontières, et il n'eut pour enfans qu'une fille, et elle est devant vos yeux. Comme nous sommes à l'époque heureuse qu'on appelle Tsing-ming, ma maîtresse est allée sur la montagne pour déposer des offrandes funèbres sur la tombe de ses parens qui sont morts. En revenant nous nous sommes arrêtées sur les bords charmans du lac Si-hou; mais tout à coup est survenue cette pluie violente qui nous a fermé tous les chemins. Nous sommes heureuses d'avoir trouvé cette barque pour nous reconduire chez nous. A votre tour, Monsieur, j'oserai vous demander quel est votre divin pays, votre célèbre nom de famille et votre illustre surnom? Excusez, je vous prie, ma trop juste impatience.

Hàn-wen répondit en ces termes : — Je suis né moi aussi dans la ville de Tsientang; mon nom de famille est Hin; mon surnom est Sien, et mon nom honorifique Hàn-wen. Il y a long-temps que mon père et ma mère ont quitté ce monde, et je suis resté avec ma sœur aînée, qui a épousé un habitant de la même ville, nommé Kong-fou. Ma sœur et son mari m'ont comblé de bienfaits, et, après avoir élevé mon enfance, ils m'ont envoyé au collége de la Montagne d'or. Après un an d'études, j'ai été nommé le premier dans la classe des *Sieout-Saï*. Aujourd'hui j'étais sorti pour visiter les tombeaux de mes parens, et profitant de cette occasion, je suis allé me promener sur les bords du lac *Si-hou*. Mais soudain le ciel s'est couvert de nuages, la pluie est tombée, et j'ai été obligé de monter dans cette barque pour retourner à la maison de ma sœur.

Ayant ainsi parlé, il se tut. Puis il chanta cette chanson sans regarder la jeune fille :

Les oiseaux Tsu-Kiu, mâle et femelle, chantent

tour à tour dans les marécages. L'homme sage aime pour femme la jeune fille imposante, belle et vertueuse.

On voit la plante inégale, appelée King-tsai, se porter sans cesse à droite et à gauche, où la pousse l'eau qui la fait croître. Nuit et jour on nous demande notre fille; on la voudrait pour femme, et ne l'obtenant pas, endormi ou éveillé, on y pense toujours à l'heure du repos, on se retourne dans le lit en tout sens, tantôt sur le dos, tantôt sur la face.

Voilà nos plantes, voici celles que nous choisissons. La jeune fille est pleine de noblesse; elle est belle, elle est vertueuse. Le Kin et le Che forment une harmonie.

Nos plantes ont été recueillies de çà et de là. La jeune fille est pleine de noblesse; elle est belle, elle est vertueuse. Les clochettes et les cymbales charment l'oreille par leur accord.

La jeune fille de son côté, sans avoir l'air d'entendre la chanson de Hân-wen, chantait ces vers :

La jeune mariée, qui n'a point quitté sa famille, recueille dans un long panier les herbes appelées Kuen, et le panier n'étant pas encore plein, voici que je pense, dit-elle, à quelqu'un que je voudrais bien voir; cela dit, elle jette le panier dans le grand chemin.

Elle monte sur cette roche; mon cheval est fatigué, dit-elle; en attendant, je boirai à une bouteille d'or, et je veux noyer dans le vin mes immenses soucis.

Elle gravit la montagne; le cheval qui me porte est rendu; il va lentement; en attendant je boirai dans une coupe de corne de sel, et je verrai à calmer cette douleur, qui ne veut pas me quitter.

Elle tâche de monter jusqu'en haut; mais mon cheval est étique; mes amis sont malades. Malheureuse! dit-elle en gémissant.

De son côté, la malicieuse suivante chantait ainsi, en regardant tantôt sa maîtresse, tantôt Hân-wen:

Ah! je t'en prie, Tchong-tsée, ne passe point par notre village! ne brise pas l'osier que nous avons planté. Comment oserais-je t'aimer? je crains trop mes parens! Mais toi, Tchong-tsée, réfléchis, examine! n'est-ce pas que je dois craindre les reproches de mes parens?

Ah! je t'en prie, Tchong-tsée, ne monte pas sur notre mur; ne brise point nos plants de mûriers. Comment oserais-je t'aimer? j'ai peur de mes frères aînés! Réfléchis, Tchong-tsée, examine; n'est-ce pas que je dois avoir peur?

Ah! je t'en prie, Tchong-tsée; ne franchis pas la haie de notre jardin; ne brise pas nos plants d'arbre de Tan. Comment oserais-je t'aimer? Je crains qu'on n'en parle plus que je ne voudrais. Penses-y-bien, Tchong-tsée, n'est-ce pas que je dois craindre les jugemens trop hardis?

Voilà comment ils arrivèrent de l'autre côté du lac. Le batelier les déposa tous les trois sur le rivage, et, quand il eut été généreusement payé, il s'éloigna avec son bateau en fredonnant cette chanson, dont le refrain est ainsi :

Il y a au midi des arbres qui ne portent de branches qu'à la cime, et l'on ne pourrait pas s'y asseoir. Dans le pays baigné par le fleuve Han, on voit se promener des femmes qu'on n'épouse pas facilement. Le fleuve Han est large, on peut prendre pied dans son lit. Le fleuve Kiang a des rives largement séparées; on ne peut livrer un radeau à ce fleuve.

C'est ici l'occasion de dire avec le poète : « Songez seulement à enlever la neige qui « blanchit le seuil de votre porte, et ne « faites nulle attention au givre qui couvre « la maison de votre voisin. »

Le lecteur désire savoir, sans doute, comment Hân-wen s'introduisit chez le père de la jeune fille : qu'il lise le chapitre suivant.

CHAPITRE V.

Ils étaient donc tous les trois sur le rivage, bien tristes d'être arrivés, quand soudain la pluie, qui s'était quelque peu apaisée, se mit à tomber de plus belle, non point par torrens comme tout à l'heure, mais fine, et pressée, et pénétrante.

— Mademoiselle, dit Hân-wen à la jeune fille, votre serviteur a un parapluie; permettez-lui de vous le prêter, afin que vous puissiez retourner à l'abri jusqu'à votre hôtel. — A ces mots il présenta le parapluie à la suivante, qui l'accepta d'un air joyeux et avec toutes sortes de remercîmens.

Mais la jeune maîtresse, prenant la parole, dit à Hân-wen: Monsieur, la pluie est froide et le ciel est couvert; l'orage vous menace comme nous, et je ne puis pas souffrir que vous vous exposiez à tous ces dangers pour nous mettre à l'abri.

— Mademoiselle, reprit Hân-wen, je suis grand et fort et léger, je serai bien vite de retour à la maison, et vos petits pieds [1] sont trop petits pour vous porter aussi vite que je voudrais; ainsi donc acceptez mon offre, et permettez-moi de me dire votre serviteur.

— Monsieur, répondit la jeune fille, nous avons mille grâces à vous rendre pour toutes vos bontés; mais nous ne savons pas votre demeure, et comment ferons-nous demain, pour vous rendre votre parapluie?

— Mademoiselle, répondit Hân-wen, j'irai moi-même le reprendre demain, si le temps est beau et si vous le permettez.

— Vous avez là une très-bonne idée, répondit la jeune fille; ce disant, elle fit ses adieux à Hân-wen, et prenant le bras de sa compagne, ils se séparèrent.

Hân-wen, tout occupé de la belle inconnue, n'arriva que fort tard chez son frère; sa sœur, en l'apercevant, alla au-devant de lui, et le saluant avec amitié,

---

[1] Les femmes de distinction, dont les pieds ont été comprimés dès l'enfance pour acquérir cette petitesse, qui est un si grand mérite aux yeux des Chinois, ne peuvent marcher commodément, si quelqu'un ne leur donne le bras.

elle lui demanda par quel bonheur il avait trouvé assez de loisir pour la venir voir?

— Ma sœur, lui dit Hân-wen, je suis allé saluer les tombes de nos parens, et puis je suis venu savoir des nouvelles de mon beau-frère et des vôtres.

A ces mots elle est transportée de joie.
— Mon frère, lui dit-elle, voilà qui fait honneur à votre bon caractère. Soyez le bienvenu dans notre maison! mon mari est absent, mais il sera bientôt de retour.

Alors elle s'empresse de faire chauffer du vin et de préparer des légumes; elle sert le repas dans le vestibule, et ils se mettent à table, elle et lui. Le repas fini, elle dispose un lit pour son frère dans un appartement séparé, et elle l'engage à prendre du repos.

Toute la nuit Hân-wen fut bercé par mille songes heureux.

Le jour venu, Hân-wen, incapable de résister à son impatience, se leva sur-le-champ; il s'habilla avec un soin recherché et choisit son habit rouge couleur de pourpre. Quand il fut bien vêtu et tout préparé à sa visite, il sortit de la maison de sa sœur par une porte dérobée, et il courut directement à la rue des *Deux Thés*. Un vieillard se tenait debout à l'entrée de la rue.

— Mon vénérable ami, lui dit-il, oserai-je vous demander si je suis dans la rue des Deux Thés?

— Vous y êtes, répondit le vieillard.

— Et serai-je indiscret de vous demander l'hôtel du général Pé-ing?

— Vous voyez ce jardin, dit le vieillard, et cette grande maison; c'est l'hôtel du général Pé-ing.

Hân-wen, transporté de joie, alla frapper à la porte du général. Aussitôt la porte s'ouvrit; la suivante vint au-devant de lui, et Hân-wen, s'approchant d'elle d'un air empressé, — Mademoiselle, lui dit-il, me voici venu pour vous voir!

— Monsieur, répondit la jolie suivante avec un petit air tout épanoui, veuillez entrer!

Et elle introduisit Hân-wen dans un vestibule appelé le *Pavillon des Parfums*.

— Prenez la peine de vous asseoir, lui dit-elle, je vais dans les appartemens intérieurs avertir ma maîtresse et son père que vous êtes ici.

— Mademoiselle, répondit Hân-wen, gardez-vous bien de déranger votre maîtresse; rendez-moi seulement le parapluie que j'ai eu le bonheur de vous prêter, et remettez-le à votre serviteur qui a hâte de partir.

— Seigneur, répondit la suivante, il faut que vous sachiez qu'hier Mademoiselle m'a ordonné de vous faire entrer auprès d'elle quand vous viendriez ce matin; elle veut elle-même vous remercier.

— Comment pourrais-je souffrir, répondit Hân-wen, que votre maîtresse soit dérangée à cause de moi? — Disant cela, il n'avait pas même la force de faire semblant de se retirer, et il restait toujours.

A peine la suivante était-elle entrée dans les appartemens intérieurs, qu'un doux parfum s'exhala de toutes parts. En même temps la fille du général, entrant dans la salle, se glissa auprès de Hân-wen. A son aspect Hân-wen, se levant de son siége, la salua avec respect, et lui présenta ses hommages respectueux.

Elle, à son tour, lui souriant d'un air gracieux, frappa dans ses mains et fit apporter le thé. Le thé répandait une délicieuse odeur dans toute la maison.

Lorsque Hân-wen en eut pris quelques tasses, Monsieur, lui dit la jeune fille, comment pourrais-je permettre que mon bienfaiteur sortît à jeun de la maison de mon père et sans avoir vu mon père? Si vous ne dédaignez pas une légère collation, mon père et moi nous serons heureux de vous l'offrir.

— Mademoiselle, répondit Hân-wen, je suis confus de vous causer tant d'embarras; personne ne mérite moins que moi une réception aussi distinguée.

Au même instant on servit sur une table élégante les mets les plus rares et les plus exquis; quand la collation fut arrivée, on annonça le général Pé-ing; sa fille et Hân-wen se levèrent avec respect. Pé-ing témoigna à Hân-wen tout le plaisir qu'il avait à le voir et toute la reconnaissance qu'il avait du service qu'il avait rendu à sa fille. — C'est une bagatelle, répondit Hân-wen, et je suis confus des pompeux complimens que votre excellence daigne me donner.

On se mit à table, et pendant que les convives se livraient aux douceurs du festin, la jeune suivante chanta ces vers :

Les glaces fondent, et les fleuves Tchin et Ouei recommencent à couler. Le mari et la femme ont à la main la fleur de Lan. — Oh ! j'irai à la découverte, dit la femme. J'y avais été, répond le mari, et j'irai encore. Au-delà du fleuve Ouei il y a une grande foule ; on s'y réjouit, on y est en fête. Les hommes et les femmes se divertissent et se donnent des fleurs de pivoine.

Les fleuves Tchin et Ouei sont limpides et profonds. Quelle foule d'hommes et de femmes ! Irai-je à la découverte ? dit la femme. J'y avais été, répond le mari, et j'irai encore.

Voici que les grillons se sont glissés au logis ; l'année est sur son déclin : eh bien, égayons-nous ; qu'il ne soit pas dit que le soleil et la lune ont fait une course inutile. Mais que le plaisir ne soit pas de la licence, et que tout reste dans les bornes. Le souvenir de nos devoirs sera encore une jouissance. Le plaisir est bon, mais il faut que la décence s'en mêle. Au fort de la joie, l'homme de bien se tient sur ses gardes.

Voici que le grillon s'est glissé au logis ; l'année

touche à sa fin. Il faut nous égayer, et ne pas attendre que le soleil et la lune aient achevé leur cours. Mais que le plaisir ait ses bornes. Soyons vigilans, non-seulement dans l'exercice de nos charges, mais encore en toutes choses. Le plaisir est bon, mais il doit aller avec la décence. L'homme de bien est partout attentif et scrupuleux.

Voici que le grillon s'est glissé au logis; les chars ne roulent plus. Si nous ne sommes pas gais maintenant, le soleil et la lune n'en finiront pas moins leur carrière. Ayons soin pourtant de rester dans les bornes des convenances; tout en riant, il est bon de songer aux peines qui nous attendent. Le plaisir est bon, mais il doit être décent. L'homme de bien ne fait rien à l'étourdie; il est toujours maître de lui-même.

A la fin du repas, Pé-ing pria Hân-wen de chanter, et alors Hân-wen déclama ces vers, qu'il venait d'improviser, à la grande satisfaction de Pé-ing et de sa fille:

Le poirier montre ses fleurs et son beau feuillage. A votre approche, mon cœur bondit de joie, comme s'il me quittait; mon cœur est hors de moi; tant vous êtes admirable à mes yeux.

Le poirier a des fleurs jaunes et vives. Je vous vois dans un tel éclat, dans une si grande pompe, que cela doit bien prouver votre bonheur.

Le poirier a des fleurs jaunes; il en a de blanches. Je vous vois sur des chars attelés de quatre chevaux blancs; oui, sur des chars attelés de quatre chevaux blancs; que vous avez bonne grâce à tenir les six rênes!

Que je regarde à gauche, tout m'annonce l'homme sage; que je regarde à droite, tout cela va à l'homme sage. Tout ce qu'on voit ici révèle une ame bien réglée et parée de ses vertus.

Comme ils achevaient leur collation, un des serviteurs de Pé-ing accourut d'un air empressé, annonçant que les comédiens étaient à la porte, qui demandaient la permission de jouer devant l'illustre assemblée le beau drame *Tchao-chi-Koueul*. Pé-ing ayant consulté le regard de sa fille, ordonna qu'on fît entrer les comédiens, et ceux-ci jouèrent de leur mieux ce drame, qui signifie : *le petit Orphelin de la famille de Tchao, qui se venge d'une manière éclatante*.

Si le lecteur veut connaître ce beau drame, qu'il en lise l'analyse au chapitre suivant.

L'ORPHELIN DE LA CHINE.

Noms des personnages.

Tchao-so, gendre du Roi.
La Princesse, épouse de Tchao-so.
L'Orphelin, fils de Tchao-so, sous le nom de Tching-peï.
Tou-'an-kou, ministre de la guerre, et général en chef.
Tching-ing, médecin de la princesse.
Han-kioué, général.
Kong-sun-tchou-kieou, ancien ministre.
Weï-kiang, premier ministre.
Messagers.
Soldats.
Domestiques.

Observ. Tous les mots chinois terminés par un *n* doivent se lire comme si cette lettre était suivie d'un *e* muet.

PROLOGUE.

Tou-'an-kou, *ministre de la guerre, arrive sur le théâtre, suivi de soldats ; il raconte qu'il est le général en chef du royaume de Tsin, l'ami et le confident du roi Ling-kou, et qu'il est l'ennemi de Tchao-tun, autre favori du roi Ling-kou.*

J'ai constamment l'idée de tuer Tchao-tun, mais jusqu'à présent je n'ai pu le faire tomber sous mes coups. Je lui ai envoyé un esclave, qui a mieux aimé se tuer lui-même que d'obéir à mes ordres ; je lui ai envoyé un chien, appelé Chin'-ao, qui ne l'a pas déchiré. A présent il faut que je fasse mourir Tchao-so, le fils de Tchao-tun. Pour cela j'ai contrefait un décret du roi, et j'ai envoyé un messager pour porter de sa part à Tchao-so une corde, du vin empoisonné et un poignard, avec ordre de choisir et de se donner la mort. Pour extirper une plante, il faut extirper ses racines. (*Il sort.*)

Tchao-so *arrive avec la princesse, son épouse.*

Je m'appelle Tchao-so ; Tou-'an-kou le ministre veut ma mort. Princesse, écoutez : vous êtes maintenant enceinte; si vous accouchez d'un fils, je le nomme Tchao-chi-kou-eul (l'orphelin de la famille de Tchao), afin que, devenu grand, il venge les injures de son père et de sa mère.

LE MESSAGER *arrive.*

Voici les ordres du roi: (*il lit*)

« Parce que toute ta maison est dépourvue de
« loyauté et de piété filiale, que tu as trompé
« ton souverain et violé les lois de l'État, j'ai fait
« exterminer sans distinction de rang, toutes les
« personnes de ta maison; mais ce châtiment ne
« suffit pas à tes crimes. Cependant, comme tu
« es mon gendre, je ne puis souffrir qu'on te
« donne la mort. Je t'envoie trois présens : choi-
« sis et meurs.»

A cet ordre Tchao-so se donne la mort; on l'emporte.

FIN DU PROLOGUE.

ACTE PREMIER.

SCÈNE PREMIÈRE.

TOU-'AN-KOU.

Craignant que la princesse ne mît au monde un fils, mon ennemi, je l'ai emprisonnée dans son propre palais; elle doit être accouchée maintenant.

SCÈNE II.

UN SOLDAT *arrive.*

J'apporte des nouvelles au général en chef. La princesse est accouchée d'un fils.

TOU-'AN-KOU.

Attendons que cet enfant ait un mois accompli; il sera encore temps de le tuer.

SCÈNE III.

LA PRINCESSE, *tenant un enfant nouveau né.*

O Ciel! comment faire pour que ce tendre enfant sorte des portes de ce palais? — Il me vient une heureuse idée. Je suis maintenant sans parens; mais il me reste un ami nommé Tching-ing. Je l'attends avec impatience pour l'instruire de mon dessein.

SCÈNE IV.

TCHING-ING.

J'exerce la profession de médecin; j'étais au service du gendre du roi, qui m'a accablé de ses bontés. Mais hélas! le cruel Tou-'an-kou a exterminé toutes les personnes de sa maison. J'ai appris que la princesse me demandait; c'est moi qui chaque jour lui porte le thé et le riz. Entrons!

(*Apercevant la princesse.*)

La princesse a fait appeler Tching-ing; que lui veut-elle?

LA PRINCESSE.

Pourriez-vous trouver le moyen d'emporter secrètement mon enfant, afin qu'un jour, quand il sera grand et fort, il puisse venger la famille de Tchao?

LE MÉDECIN.

Eh quoi, princesse, vous ne savez donc pas que le cruel Tou-'an-kou a fait afficher cette proclamation : «Si quelqu'un cache l'orphelin, sa famille entière sera décapitée, et l'on exterminera jusqu'au dernier tous ceux qui tiennent à lui par un des neuf degrés de parenté.» comment pourrais-je l'emporter secrètement?

LA PRINCESSE. (*Elle récite des vers.*)

Vous savez l'axiome : « Quand vous êtes dans une situation critique, songez à vos parens; quand vous êtes en danger, confiez-vous à vos amis.»

Si vous pouvez sauver mon fils, ce sera un rejeton qui fera revivre la famille de Tchao.

(*Elle se jette à ses genoux.*)

Tching-ing, ayez pitié de moi! La vengeance des trois cents personnes de la famille de Tchao est entre les mains de cet enfant.

TCHING-ING.

Princesse, levez-vous. Si je réussis à emporter votre fils, et que le tyran vous demande où est l'orphelin, vous répondrez : je l'ai donné à Tching-ing, et je mourrai avec toute ma famille; mais peu m'importe!

LA PRINCESSE.

C'en est fait! c'en est fait! la mère doit mourir avant le fils! (*Elle se tue.*)

TCHING-ING.

Aurais-je pu penser que la princesse se serait donné la mort? Je vais ouvrir ce coffre et y placer ce petit enfant. O Ciel, prends pitié de lui! (*Il sort en emportant l'enfant.*)

SCÉNE V.

TCHING-ING.

Je porte dans cette boîte remplie d'herbes le petit orphelin de la famille de Tchao. Mais heureusement que les portes sont gardées par le général Han-kioué; il doit son élévation au seigneur Tchao-tun : si j'ai le bonheur de le rencontrer en sortant, moi et cet enfant nous sommes sauvés.

HAN-KIOUÉ.

Officiers, amenez-moi cet homme qui porte une boîte d'herbes médicinales! (*A Tching-ing.*) Qui es-tu?

TCHING-ING.

Je suis un médecin; mon surnom est Tching; je m'appelle Tching-ing.

HAN-KIOUÉ.

D'où viens-tu?

LE MÉDECIN.

Je viens du palais de la princesse.

HAN-KIOUÉ.

Que portes-tu dans ce coffre?

LE MÉDECIN.

Des herbes médicinales.

HAN-KIOUÉ.

Rien autre chose?

LE MÉDECIN.

Rien autre chose.

HAN-KIOUÉ.

En ce cas tu peux t'en aller.

(*Tching-ing s'enfuit rapidement; Han-kioué le rappelle.*)

Tching-ing, reviens ici. Qu'est-ce qu'il y a dans cette boite?

TCHING-ING.

Il n'y a rien que des herbes médicinales.

HAN-KIOUÉ.

N'y aurait-t-il pas encore autre chose de caché?

TCHING-ING.

Il n'y a rien autre chose de caché.

HAN-KIOUÉ.

Va-t'en.

(*Tching-ing se sauve avec précipitation. Han-kioué le rappelle.*)

Tching-ing, reviens ici : il y a là-dessous quelque chose de louche. Quand je te dis : va-t'en ! tu voles comme la flèche échappée de l'arc ; quand je te dis : reviens, on dirait un crin qui traîne sur un tapis de laine. Dis-moi, Tching-ing, crois-tu que je ne te connais pas?

(*Il chante sur l'air :* Ho-si-heou-ting-hoa.)

« Tu es un ancien hôte de la maison de Tchao-
« tun ; moi, je suis attaché au service de Tou-'an-
« kou. Je vois bien que tu as caché ce petit reje-
« ton de Ki-lin, qui n'a pas encore un mois. »

(*Il parle.*)

Tching-ing, vois-tu ce palais?

(*Il chante sur le même air.*)

« Comment sortiras-tu de cette caverne de tigre
« et de léopard, où l'air même ne peut pénétrer?
« Si je n'étais pas un général soumis à Tou-'an-

« kou, je ne t'interrogerais pas d'une manière si
« pressante.»

(*Il parle.*)

Tching-ing, je pense que tu as reçu de grands bienfaits de la maison de Tchao.

TCHING-ING.

« Tout homme qui a reçu des bienfaits doit y
« répondre par des bienfaits.» Cela va sans dire.

HAN-KIOUÉ. (*Il parle.*)

Si Tou-'an-kou voyait ce petit orphelin?

(*Il chante.*)

« N'est-il pas à craindre qu'il ne lui arrache la
« peau et les nerfs, et qu'il ne l'écrase comme
« de la farine pétrie? Ce n'est pas moi qui lui
« rendrai cet horrible service.»

(*Il parle.*)

Tching-ing, emporte cet enfant. Si Tou-'an-kou m'interroge, je parlerai pour toi.

TCHING-ING.

Je vous remercie, général.
(*Il prend la boîte et court précipitamment; puis il revient et se jette aux genoux de Han-kioué.*)

HAN-KIOUÉ.

Tching-ing, je t'ai dit de t'en aller. Crois-tu que je me moque de toi? Pars vite.

TCHING-ING.

Je vous remercie, général.

(*Il s'en va précipitamment, revient de nouveau sur ses pas, et se jette aux genoux de Han-kioué.*

HAN-KIOUÉ.

Tching-ing, pourquoi revenir une seconde fois?

(*Il chante.*)

« Que tu es aveugle! que tu es aveugle! Em-
« porte le petit orphelin, et va le cacher dans
« une retraite bien reculée, bien profonde. Ins-
« truis-le jusqu'à ce qu'il soit devenu grand, et
« éclaire-le sur ses devoirs. Qu'il cultive les lettres
« et qu'il s'exerce à l'art de la guerre. Quand il
« sera capable de commander une armée, qu'il
« saisisse ce scélérat de Tou-'an-kou, qu'il lui
« brise la tête, et qu'il le déchire en mille pièces,
« pour venger la mort de ses parens. Il aura satis-
« fait ma fureur et la tienne; il aura soulagé une
« famille entière d'un grand poids de haine et
« d'indignation! »

(*Il parle.*)

Tching-ing, pars vite, et bannis tes craintes.

(*Il chante sur l'air de Tsan-cha-wei.*)

« Il dépend de moi de le laisser aller. Si l'on
« me demande une explication nette et précise,
« comment consentirais-je à le trahir? Mais je

« crains que ce brigand n'emploie les tortures
« pour m'arracher la vérité. Eh bien, je vais me
« donner la mort, en me brisant la tête contre
« ces degrés. Toi, veille nuit et jour sur ce petit
« orphelin. Il faut que ce frêle rejeton fasse revivre
« un jour la maison de Tchao ; et quand il sera
« grand, raconte-lui mon dévouement et mes
« bienfaits. » (*Il se coupe la gorge.*)

TCHING-ING.

Hélas ! le général Han-kioué vient de se donner la mort.
(*Il chante.*)

« Homme fidèle et vertueux ! Il vient de se
« tuer lui-même pour ne point trahir l'orphelin.
« Je puis maintenant partir avec l'ame tranquille.
« Je vais me retirer dans la ferme de Taï-ping,
« et là je délibérerai sur ce que je dois faire. »

ACTE II.

SCÈNE PREMIÈRE.

TOU-'AN-KOU (*suivi d'un soldat*).

Je suis Tou-'an-kou. J'ai envoyé Han-kioué pour m'apporter l'orphelin ; Han-kioué ne revient pas, ce retard m'inquiète.

UN SOLDAT.

J'annonce au général un grand malheur. La

princesse s'est tuée, et le général Han-kioué s'est coupé la gorge.

TOU-'AN-KOU.

Pourquoi Han-kioué s'est-il coupé la gorge? sans doute qu'il a laissé emporter l'orphelin de la famille de Tchao. Comment faire? «Quand les sourcils sont froncés par la colère, vingt stratagèmes naissent au fond du cœur.» Je vais contrefaire un ordre du roi et me faire apporter tous les enfans mâles du royaume de Tsin, qui ont plus d'un mois et moins de six; je les couperai en trois les uns après les autres, et je ne puis manquer d'envelopper dans ce massacre l'orphelin de la maison de Tchao. C'est alors que je serai délivré du poids qui pèse sur mon cœur. — Officiers, faites afficher partout une proclamation qui ordonne d'apporter dans mon palais tous les enfans mâles qui ont plus d'un mois et moins de six. Qu'on exécute mes ordres. Si quelqu'un me désobéit, je le ferai décapiter avec toute sa famille, et j'exterminerai toutes les personnes qui tiennent à lui par un des neuf degrés de parenté.

SCÈNE II.

KONG-SUN-TCHOU-KIEOU.

J'étais attaché au service de Ling-kong; mais voyant que Tou-'an-kou avait toute l'autorité, je me suis retiré des affaires publiques. J'ai quitté ma charge pour retourner aux occupations champêtres, et avec cette bêche, qui me sert d'appui, je cultive trois arpens de terre. Je demeure dans cette petite ferme de Taï-ping. Ordinairement je dors dans une tente au milieu des champs, et je m'éveille à la voix du coq matinal. Maintenant me voici appuyé contre ma porte de bois. Que vois-je? une troupe d'oies' voyageuses traverse les airs en désordre.

SCÈNE III.

TCHING-ING.

Où pourrais-je trouver un asyle sûr pour cacher ce petit enfant? — Mais il me vient une bonne idée : je pense que Kong-sun-tchou-kieou, qui habite la ferme de Taï-ping, était autrefois le collègue et l'ami intime de Tchao-tun. Il a quitté sa charge, et maintenant il se livre aux soins de l'agriculture. Cet ancien ministre est un homme plein de droiture et de loyauté; je puis cacher l'orphelin chez lui en toute sécurité. Me voici bientôt arrivé à la porte de la ferme; je vais déposer ce coffre à l'ombre de ces bananiers. Et vous, mon jeune maître, reposez-vous un moment ici : je viendrai vous reprendre aussitôt que j'aurai salué

---

1 Signes de malheur.

Kong-sun-tchou-kieou. (*Parlant à un domestique.*) Vous, allez annoncer à votre maître que Tching-ing demande à le voir.

LE DOMESTIQUE *à Kong-sun.*

Voici le seigneur Tching-ing qui est à votre porte.

KONG-SUN.

Dites-lui que je le prie d'entrer.

LE DOMESTIQUE.

Mon maître vous prie d'entrer.

SCÈNE IV.

KONG-SUN.

Tching-ing, quelle affaire vous amène ici?

TCHING-ING.

Votre serviteur, sachant que votre Excellence habitait cette ferme de Taï-ping, est venu exprès pour lui rendre visite.

KONG-SUN.

Comment se portent les ministres, mes anciens collègues, depuis que j'ai quitté ma charge?

TCHING-ING.

Hélas! ce n'est plus comme lorsque vous étiez ministre. Tou-'an-kou tient en main l'autorité. Tout a bien changé depuis!

KONG-SUN.

Il faudrait que les autres ministres fissent des représentations au roi. Mais avez-vous entendu parler de l'orphelin de Tchao?

TCHING-ING.

Puisque vous montrez cette bonté compatissante, comment pourrais-je, Seigneur, vous cacher la vérité? Comme je ne savais où cacher l'orphelin, je suis venu chercher un asyle dans la maison de votre Excellence. Autrefois, Seigneur, vous étiez le collègue de Tchao-tun; vous devez avoir été son ami. Je vous en prie, ayez pitié de ce petit orphelin, et sauvez-lui la vie.

KONG-SUN.

Où est maintenant l'orphelin?

TCHING-ING.

Je l'ai déposé à l'ombre des bananiers.

KONG-SUN.

Allez promptement chercher ce tendre enfant, et prenez garde de ne point l'effrayer.

TCHING-ING.

(*Il apporte le coffre, l'ouvre et regarde.*)
Grâces soient rendues au Ciel et à la Terre! mon jeune maître est encore endormi. Mais vous ne savez pas, Seigneur, le nouveau danger qui le

menace; vous ne savez pas, Seigneur, que lorsque Tou-'an-kou a appris l'enlèvement de l'orphelin, il a ordonné qu'on lui apportât tous les petits enfans du royaume de Tsin, pour les massacrer. Je désire, Seigneur, cacher chez vous l'orphelin. D'un côté, je témoignerai ma reconnaissance à Tchao-so, le gendre du roi, pour les bontés dont il m'a comblé pendant sa vie; d'un autre côté, j'arracherai au trépas tous les petits enfans du royaume de Tsin. J'ai bientôt quarante-cinq ans, et je possède un fils qui n'a pas encore un mois accompli : je le ferai passer pour l'orphelin de la maison de Tchao. Votre Excellence ira me dénoncer à Tou-'an-kou; elle lui dira que j'ai caché l'orphelin, et il me fera mourir avec mon fils. Alors, Seigneur, vous élèverez avec soin l'orphelin, afin que, quand il sera devenu grand et fort, il venge la mort de son père et de sa mère. N'est-ce pas là un excellent dessein?

KONG-SUN.

Tching-ing, quel âge avez-vous maintenant?

TCHING-ING.

Votre serviteur a quarante-cinq ans.

KONG-SUN.

Il faut bien vingt ans encore pour que cet enfant puisse venger ses parens. Avec vingt ans de plus, vous en aurez soixante-cinq; et moi, avec vingt ans de plus, j'en aurais quatre-vingt-dix. A cette époque, je serai mort depuis long-temps : comment pourrais-je lui apprendre à venger la famille de Tchao? Tching-ing, puisque vous consentez à sacrifier votre fils, donnez-le moi, et allez me dénoncer à Tou-'an-kou. Dites-lui que Kong-sun-tchou-kieou a caché l'orphelin dans la ferme de Taï-ping. Tou-'an-kou viendra à la tête de ses soldats; il me prendra et me fera mourir avec votre fils. Vous élèverez en secret le petit orphelin de la maison de Tchao, jusqu'à ce qu'il soit devenu grand, afin qu'il venge son père et sa mère. N'est-ce pas là un excellent projet?

TCHING-ING.

Je suis de votre avis; mais comment oserais-je causer votre perte? Seigneur, prenez mon fils; couvrez-le des vêtemens du petit orphelin, et allez me dénoncer à Tou-'an-kou, et vous serez délivré de tout malheur.

KONG-SUN.

J'ai donné ma parole; gardez-vous de douter de ma résolution!

(*Il chante.*)

« En vérité, ma vie est si frêle et si chance-
« lante qu'à peine je pourrai la prolonger jusqu'à

« entendre le tambour du soir ou la cloche du
« matin. »

TCHING-ING.

Il n'y a pas de temps à perdre. Je vais emporter chez moi le petit orphelin, et j'irai ensuite remettre mon propre fils dans la ferme de Taï-ping.

(*Il récite des vers.*)

« Je suis heureux d'échanger mon propre fils
« contre un enfant étranger, contre l'orphelin de
« la famille de Tchao. C'est un sacrifice que la
« justice et l'honneur imposent à Tching-ing.
« Mais qu'il m'est douloureux d'entraîner à la
« mort le seigneur Kong-sun ! »

ACTE III.

SCÈNE Ire

TCHING-ING.

Je suis Tching-ing. Hier j'ai porté mon propre fils à Kong-sun-tchou-kieou ; aujourd'hui je viens le dénoncer à Tou-'an-kou.

(*Parlant aux gardes.*)

Soldats ! allez annoncer que l'orphelin de la famille de Tchao est retrouvé.

UN SOLDAT.

Restez ici, je veux aller porter cette nouvelle.

(Parlant à Tou-'an-kou.)

Général, un homme apporte la nouvelle que le petit orphelin de Tchao est retrouvé.

TOU-'AN-KOU.

Où est-il?

LE SOLDAT.

Il est à la porte de votre palais.

TOU-'AN-KOU.

Faites-le entrer.

LE SOLDAT.

Le général vous ordonne d'entrer.

(Il entre.)

TOU-'AN-KOU.

Holà! vieux coquin, qui es-tu?

TCHING-ING.

Votre serviteur est un médecin; il s'appelle Tching-ing.

TOU-'AN-KOU.

Où est l'orphelin de la famille de Tchao?

TCHING-ING.

Il est caché dans la maison de Kong-sun-tchou-kieou, qui habite la ferme de Liu-Liu-taï-ping.

TOU-'AN-KOU.

Comment as-tu pu le savoir!

TCHING-ING.

Votre serviteur est lié d'amitié avec Kong-sun-tchou-kieou. Un jour que j'étais allé lui faire visite, je vis, dans sa chambre à coucher, un petit enfant, qui dormait sur un tapis brodé d'or et de soie. Je me dis en moi-même : Kong-sun-tchou-kieou est âgé de soixante-dix ans, et de plus, il n'a j'amais eu ni fils ni fille : où a-t-il trouvé l'enfant que je vois ? — Ce petit enfant, lui dis-je alors, ne serait-il point l'orphelin de la famille de Tchao ? — A ces mots, il changea de visage et resta sans réponse. Voilà, Seigneur, comment j'ai su que l'orphelin était dans la maison de Kong-sun-tchou-kieou. Pour moi, dont le fils était menacé, j'ai pensé que dès que vous auriez trouvé l'orphelin de la famille de Tchao, vous épargneriez tous les enfans du royaume de Tsin, et que mon fils échapperait à la mort. Voilà, Seigneur, le motif de ma dénonciation.

(*Il récite des vers.*)

« Je vous en supplie, Seigneur, calmez votre
« courroux. Vous savez la cause qui m'a porté à
« dénoncer le coupable. Quoique je désire de
« sauver tous les enfans du royaume de Tsin, au
« fond, je crains que Tching-ing ne soit privé de
« descendans. »

TOU-'AN-KOU, *en riant.*

Kong-sun-tchou-kieou était autrefois le collègue

de Tchao-sun. Il est facile de reconnaître le motif de sa conduite. — Officiers, choisissez un certain nombre des cavaliers qui sont sous mes ordres : je veux aller avec Tching-ing à la ferme de Taï-ping, pour prendre Kong-sun-tchou-kieou.

(*Ils sortent tous.*)

SCÈNE II.

TOU-'AN-KOU.

Nous voici arrivés chez Kong-sun. Amenez-moi ce vieux scélérat. (*A Kong-sun.*) Sais-tu quel est ton crime? comment as-tu osé cacher chez toi l'orphelin de la maison de Tchao?

KONG-SUN.

Seigneur, quand j'aurais le courage de l'ours et l'audace du léopard, comment aurais-je osé cacher l'orphelin de la maison de Tchao?

TOU-'AN-KOU.

Si on ne le fustige pas, il n'avouera jamais. Soldats! qu'on choisisse de gros bâtons et qu'on le frappe comme il faut.

(*Les soldats le frappent.*)

KONG-SUN.

(*Il chante sur l'air Tchou-ma-ting.*)

« Pensez bien qu'avant d'avoir résigné ma charge

« et pris congé du roi, j'avais formé avec Tchao-
« tun une amitié pour laquelle j'eusse sacrifié
« ma vie. »

(*Il parle.*)

Qui est-ce qui m'a vu commettre le crime dont vous m'accusez ?

TOU-'AN-KOU.

L'homme qui t'accuse ici est Tching-ing.

KONG-SUN. (*Il chante.*)

« Quel est l'imposteur qui vient m'accuser ? La
« langue de Tching-ing est comme un couteau
« qui me diviserait en deux ! »

TOU-'AN-KOU.

Ah ! ah ! tu ne veux pas avouer ? Soldats, frappez ce scélérat ! N'y a-t-il pas de quoi faire bouillir de colère, en voyant ce vieux ladre s'obstiner à ne point avouer ! Tching-ing, puisque c'est toi qui es venu le dénoncer, je t'ordonne de le frapper toi-même.

TCHING-ING.

Seigneur, je suis un médecin, qui ne sait autre chose que de cueillir des simples. Mes bras sont faibles et débiles, comment pourrais-je manier le bâton ?

TOU-'AN-KOU.

Tu ne veux pas le fustiger ? tu crains sans doute

qu'il ne te dénonce à son tour comme son complice?

TCHING-ING.

Eh bien, je vais le frapper.

(*Il choisit un bâton.*)

TOU-'AN-KOU.

J'examine la manière dont tu choisis. Tu prends un bâton, puis tu en prends un autre, et à la fin tu choisis le plus mince. On dirait que tu crains qu'il ne te dénonce à son tour si tu lui fais du mal.

TCHING-ING.

En ce cas je vais le frapper avec un gros bâton.

TOU-'AN-KOU.

Arrête! D'abord tu as choisi une baguette, et maintenant tu prends un gros bâton. Tu pourrais l'assommer au bout de deux ou trois coups; et quand tu l'aurais tué, il n'y aurait plus moyen d'obtenir l'aveu de son crime.

TCHING-ING.

Si je prends un bâton mince, vous n'êtes pas content; si je prends un gros bâton, vous me blâmez encore. Dites-moi, je vous prie, comment je dois faire.

TOU-'AN-KOU.

Tching-ing! prends un bâton de moyenne grosseur, et frappe Kong-sun-tchou-kieou. Vieux scélérat de Kong-sun-tchou-kieou, sais-tu que c'est Tching-ing qui te frappe?

TCHING-ING, *frappant Kong-sun.*

Dépêche-toi d'avouer.

(*Il le frappe par trois fois.*)

KONG-SUN.

Hélas! de tous les coups que j'ai reçus aujourd'hui, ces derniers sont les plus cruels. Qui est-ce qui m'a frappé?

TOU-'AN-KOU.

C'est Tching-ing qui t'a frappé.

KONG-SUN.

Tching-ing, il ne manquait plus que d'être frappé par vous!

LE SOLDAT.

Général, bonnes nouvelles! En cherchant dans une cave, nous avons trouvé l'orphelin de la maison de Tchao.

TOU-'AN-KOU, *riant aux éclats.*

Apportez-moi ce petit enfant, pour que je le coupe en trois morceaux. (*A Kong-sun*) Eh bien, vieux coquin! tu disais que tu n'avais pas l'orphelin de la maison de Tchao. Dis-moi, quel est cet enfant? — Tirons le glaive!.... un coup, deux coups, trois coups!

(*Tching-ing est rempli d'effroi et de douleur.*)

KONG-SUN.

Scélérat de Tou-'an-kou, regarde : là-haut il y a une Providence. Comment pourrait-elle te pardonner tes crimes? Je puis mourir : ma vie n'est plus bonne à rien.

(*Il chante sur l'air Yauen-yang-cha.*)

« Je meurs après soixante-dix ans. N'est-ce pas
« une belle vieillesse! Mais il est bien jeune cet
« enfant qui expire avant l'âge d'un an! Nous
« serons morts tous les deux ensemble, et notre
« nom arrivera à la postérité la plus reculée. O
« Tching-ing, je vous recommande, à vous qui
« devez nous survivre, de ne point oublier Tchao-
« so, qui a été immolé d'une manière si barbare.
« Le temps s'échappe avec la rapidité de la flèche.
« Bientôt, tendre orphelin, tu pourras t'armer
« d'un fer vengeur et laver la mort de tes parens.
« Saisis cet infame brigand, coupe-le en mille
« pièces, et garde-toi de le laisser échapper à son
« châtiment. »

(*Il parle.*)

Je vais me donner la mort en me précipitant contre ces degrés de pierre.

(*On l'emporte mort de la scène.*)

UN SOLDAT, *parlant à Tou-'an-kou.*

Kong-sun-tchou-kieou vient de se fracasser la tête contre les degrés de pierre. Il est mort.

TOU-'AN-KOU, *riant aux éclats.*

Puisque ce vieux coquin est mort, tout est dit. (*Il rit de nouveau.*) Tching-ing, combien je t'ai d'obligations pour toute cette affaire! Sans toi, comment aurais-je pu exterminer l'orphelin de la famille de Tchao?

TCHING-ING.

Général, je n'avais au fond aucune animosité contre la famille de Tchao. D'un côté j'ai voulu sauver la vie à tous les petits enfans du royaume de Tsin; de l'autre, j'ai songé à mon fils, qui n'avait pas encore un mois accompli. Si l'on n'eût pas découvert l'orphelin de la famille de Tchao, ce tendre enfant eût été enveloppé dans le massacre général.

TOU-'AN-KOU.

Tching-ing, je te regarderai désormais comme mon meilleur ami. Je veux que tu demeures dans mon palais : tu y seras traité comme un hôte distingué. Tu élèveras ton fils jusqu'à ce qu'il soit un homme fait. Il étudiera sous tes yeux les belles-lettres, et je lui enseignerai la guerre. Je n'ai point d'enfant; j'ai cinquante ans : j'adopte ton fils; que penses-tu de ce projet?

ACTE IV.

SCÈNE I.re

TOU-'AN-KOU.

Je suis Tou-'an-kou. Il y a déjà vingt ans que j'ai tué l'orphelin de la famille Tchao. J'ai adopté le fils de Tching-ing, et je l'ai appelé Tou-tching. Il comprend tout avec une merveilleuse facilité; déjà même il l'emporte sur moi par son adresse à tirer de l'arc et à diriger un coursier. Ces talens précoces ont entouré mon fils d'une réputation imposante. Au premier jour, je mettrai à exécution un projet que j'ai arrêté depuis long-temps. Je tuerai Ling-kong, je m'emparerai du royaume de Tsin, et je donnerai à mon fils la haute charge dont je suis revêtu. C'est alors que je verrai s'accomplir le vœu de toute ma vie. Dans ce moment mon fils est sur la place d'armes, où il s'exerce à l'art de la guerre. J'attends son retour pour délibérer avec lui.

SCÈNE II.

TCHING-PEÏ.

Je suis Tching-peï. Mon père légitime est Tching-ing; mon père adoptif est Tou-'an-kou. Pendant le jour, je m'exerce à l'art de la guerre; et le soir, je cultive les lettres. Je reviens maintenant de la place d'armes, il faut que j'aille voir mon père Tching-ing.

TCHING-PEÏ, *apercevant Tching-ing.*

Mon père, votre fils revient de la place d'armes.

TCHING-ING.

Allez prendre le riz.

TCHING-PEÏ, *seul.*

Eh bien! sortons. Je ne puis m'empêcher de penser que les autres jours, dès que mon père m'apercevait, il me recevait avec un visage épanoui. Mais aujourd'hui, en me voyant venir, il paraît accablé, abattu; il ne cesse de répandre des larmes. J'ignore quelles pensées l'occupent et le tourmentent; je vais aller l'interroger. (*Parlant à Tching-ing.*) Qui est-ce qui vous a offensé? Mon père, dites à votre fils ce qu'il peut avoir fait pour vous déplaire, et daignez lui pardonner.

TCHING-ING.

Quand je vous le dirais, vous ne pourriez rien faire pour votre père et votre mère. Allez prendre le riz. (*Il verse des larmes.*) Tching-peï, restez à lire dans la Bibliothèque; il faut que j'aille un instant dans la salle du fond : je reviendrai tout à l'heure.

(*Il laisse son livre et fait semblant de sortir.*)

SCÈNE III.

TCHING-PEÏ, *seul.*

Mon père a laissé un livre sur la table; serait-ce un cahier de dépêches officielles? Ouvrons-le.

(*Il ouvre le livre.*)

Voilà qui est bien extraordinaire! Cet homme, vêtu de rouge, excite un méchant chien à s'élancer sur cet homme vêtu de violet. Plus loin, un homme, armé d'une massue en forme de courge, assomme ce méchant chien. Celui-ci soutient un char qui n'a plus qu'une roue; celui-là se tue en se brisant la tête contre un cannellier. J'ignore quelle ancienne histoire on a voulu retracer ici; aucun nom écrit n'indique les personnages : comment pourrais-je les deviner?— Regardons encore. Ce général a devant lui une corde d'arc, du vin empoisonné et un poignard. Il prend le poignard, s'ouvre la gorge, et meurt. Cet autre général se perce de son épée. Un médecin tient un coffre rempli de simples; il est à genoux devant cette jeune femme, qui semble vouloir lui confier un petit enfant qu'elle porte dans ses bras. Plus loin cette femme se pend avec sa ceinture. Ce spectacle est fait pour arracher des larmes de pitié. Il me semble que toute cette famille me touche par des liens de parenté.

(*Il chante.*)

« Si je ne tue pas ce brigand de ministre, je ne
« mérite pas le nom d'homme. Oui, il faut que
« je sois le vengeur de toutes ces victimes. Je ne
« sais à qui appartient cet enfant qui roule dans
« son propre sang; j'ignore aussi quel est ce noble
« chef de famille qui périt sur la place publique. »

(*Il parle.*)

Mais, au fond, je ne comprends rien à tout ceci. Je vais attendre que mon père Tching-ing soit revenu. Je l'interrogerai sur cette sanglante histoire. Peut-être pourra-t-il dissiper les doutes qui m'agitent.

(*Tching-ing revient.*)

Mon père, je vous en prie, expliquez-moi le sujet de ces peintures.

TCHING-ING.

C'est une vieille histoire.

TCHING-PEÏ.

Racontez-la à votre fils.

TCHING-ING.

Écoutes donc. Autrefois cet homme vêtu de rouge était le collègue de ce ministre vêtu de violet. Ces deux magistrats, dont l'un appartenait à l'ordre civil et l'autre à l'ordre militaire, ne purent vivre en bonne harmonie. Il y avait déjà long-temps qu'une inimitié implacable régnait entre eux, lorsque l'homme habillé de rouge se dit en lui-même : « Celui qui attaque le premier est toujours vainqueur, celui qui attaque le second est toujours vaincu. » Il envoya secrètement un assassin, qui s'appelait Tsou-ni. Il avait caché sur lui un poignard, et devait escalader les murs, pour tuer cet homme vêtu de violet. Mais cet homme vêtu de violet était un vertueux ministre, qui toutes les nuits brûlait de l'encens et implorait le Ciel et la Terre. Il oubliait entièrement le soin de sa famille, pour ne s'occuper que des intérêts de l'État. Tsou-ni se dit en lui-même : « Si je poignarde ce vertueux ministre, ce sera me révolter contre le Ciel. Non, je ne commettrai pas un crime aussi odieux. Mais, si je retourne vers cet homme vêtu de rouge, je suis sûr qu'il me fera mourir. C'en est fait ! c'en est fait ! c'en est fait ! »

TCHING-PEÏ.

Cet homme vêtu de rouge était bien cruel ; comment s'appelait-il ?

TCHING-ING.

J'ai oublié son nom.

TCHING-PEÏ.

Comment s'appelait cet homme vêtu de violet ?

TCHING-ING.

Son nom de famille était Tchao. Il vous touche de bien près, mon fils.

TCHING-PEÏ.

Il y a encore dans ce livre plusieurs choses que je ne comprends pas. Veuillez les expliquer à votre fils.

TCHING-ING.

Cet homme vêtu de rouge fit massacrer, sans distinction de rang, toute la maison de Tchao-tun, qui se composait de trois cents personnes. Il ne restait plus que son fils Tchao-so, qui était le gendre du roi. Cet homme habillé de rouge contrefit un ordre de Ling-kong, et le lui envoya avec trois présens royaux, savoir : une corde d'arc, du vin empoisonné et un poignard, lui enjoignant de choisir celui qu'il voudrait et de se donner la mort. A cette époque, la princesse, sa femme, était enceinte. Tchao-so lui confia ses dernières volontés, et lui dit : « Si après ma mort vous accouchez d'un fils, vous l'appellerez l'Orphelin de la famille de Tchao, afin qu'il venge un jour la mort des trois cents personnes de ma maison. Après avoir prononcé ces paroles, Tchao se tua d'un coup de poignard. L'homme vêtu de rouge emprisonna la princesse dans son palais, où elle mit au monde l'Orphelin de la maison de Tchao. Cet homme vêtu de rouge, en ayant été informé, envoya sur-le-champ le général Han-kioué avec ordre de garder étroitement les portes de son palais, et de veiller à ce que personne n'enlevât secrètement l'orphelin. Cette princesse connaissait un homme dévoué de cœur à sa famille : c'était un médecin nommé Tching-ing.

TCHING-PEÏ.

Mon père, ne serait-ce pas vous?

TCHING-ING.

Il y a dans le monde une foule d'hommes qui portent le même nom. C'était un autre Tching-ing. La princesse confia l'orphelin à ce Tching-ing, puis elle se pendit avec la ceinture de sa robe. Ce Tching-ing emporta l'orphelin. Quand il fut arrivé à la porte du palais, il rencontra le général Han-kioué, qui le fouilla et découvrit l'orphelin. Mais à peine lui avait-il dit quelques mots, que le général tira son épée et se tua. Et non-seulement celui-là est mort pour l'orphelin, mais encore un vieux ministre nommé Kong-sun mais encore le propre fils de Tching-ing, que celui-ci laissa massacrer par l'homme rouge à la place de l'orphelin de Tchao. Il y a déjà vingt ans que ces événemens se sont passés; le petit orphelin de la famille de Tchao est maintenant âgé de vingt-ans. S'il ne peut pas venger la mort de son père et de sa mère, à quoi est-il bon?

(*Il récite des vers.*)

« Il est doué d'une haute stature, et son visage
« respire une majesté imposante. Il brille dans
« les lettres, il excelle dans l'art de la guerre;
« qu'attend-il pour agir? Qu'est devenu son aïeul
« qui s'était enfui sur son char? Toute sa famille
« a été exterminée, sans distinction de rang! Sa
« mère s'est pendue dans son palais isolé, et son
« père s'est poignardé lui-même sur la place d'exé-
« cution. Cependant ces mortelles injures ne sont
« pas encore vengées. C'est en vain que ce fils
« passe dans le monde pour un héros. »

TCHING-PEÏ.

Vous me parlez depuis bien long-temps, et cependant votre fils est encore comme un homme qui sommeille ou qui rêve. En vérité, je ne comprends rien à tout ce récit.

TCHING-ING.

Quoi! vous ne comprenez pas encore? Écoutez: L'homme vêtu de rouge est l'infame ministre Tou-'an-kou; Tchao-tun est votre aïeul; Tchao-so est votre père, et la princesse est votre mère!

(*Il récite des vers.*)

„ Je vous ai raconté de point en point cette
« lugubre histoire. Si vous ne la comprenez pas
« encore toute entière, eh bien! je suis le vieux

« Tching-ing, qui ai sacrifié mon fils pour sauver
« l'Orphelin, et c'est vous, c'est vous qui êtes
« l'Orphelin de la famille de Tchao ! »

TCHING-PEÏ.

O Ciel ! Quoi ? je suis l'Orphelin de la famille
de Tchao ? Je meurs de colère !

(*Tching-peï tombe évanoui.*)

TCHING-ING, *le relevant.*

Mon jeune maître, revenez à vous !

TCHING-PEÏ, *reprenant ses esprits.*

Je suis dévoré d'indignation et de douleur !

(*Il chante sur l'air Pou-tien-lo.*)

« Le récit que je viens d'entendre m'a dévoilé,
« depuis l'origine, tout le mystère de cette pein-
« ture. Sera-ce en vain que j'ai grandi jusqu'à
« l'âge de vingt ans, que j'ai atteint la taille de
« cinq pieds ? — Il a égorgé (*ter*) tous les miens ;
« moi (*ter*), je vais à mon tour faire une boucherie
« de ses parens. »

(*Il parle.*)

Mon père, tranquillisez-vous ! Demain, avant
tout le monde, j'irai trouver le roi, et à la tête
des ministres, j'irai moi-même tuer cet infame
brigand.

(*Il chante sur l'air : Choua-haï-eul.*)

« Demain matin, si j'aperçois ce féroce ennemi,

« je marcherai à sa rencontre et je l'arrêterai de
« ma propre main. Je n'ai besoin ni de soldats
« ni de satellites; il me suffira d'étendre mon
« bras vigoureux. Je saisirai le frein orné de jade;
« je mettrai la main sur la selle ciselée, j'arrêterai
« le char couvert d'une draperie à fleurs d'or;
« je précipiterai ce monstre du haut de son siége,
« et je le traînerai dans la fange comme un chien
« mort; je lui demanderai ce qu'il pense main-
« tenant de la justice des hommes et de la pro-
« vidence du Ciel ! »

Seconde partie.

« Qui t'a poussé à accumuler tant de crimes et
« à attirer sur ta tête une implacable vengeance ?
« Mais le Ciel est juste, et le châtiment ne manque
« jamais aux forfaits. Jadis tu torturas sans pitié
« le vénérable Kong-sun ; mais aujourd'hui l'Or-
« phelin de Tchao existe : ne t'imagine pas qu'il
« va te faire grâce et te laisser impuni. »

Troisième partie.

« J'enlèverai son large cachet, je le dépouille-
« rai de ses vêtemens brodés, je lui serrerai les
« mains derrière le dos avec une corde de chanvre,
« et je l'attacherai à la colonne du camp; j'arra-
« cherai sa langue hideuse avec des tenailles de
« fer; j'extirperai ses yeux de brigand avec une
« alène rougie ; à l'aide d'une lame mince et aiguë

« je dissèquerai pièce par pièce ses chairs palpi-
« tantes ; je pilerai ses os, je ferai jaillir sa moelle
« avec un marteau d'acier, et je scierai sa tête
« avec une serpe de cuivre ! »

ACTE V.

SCÈNE Ire

WEÏ-KIANG.

Je suis le premier ministre du royaume de Tsin. Ce matin l'Orphelin de Tchao a exposé au roi les crimes du ministre Tou-'an-kou ; il veut le prendre lui-même et venger la mort de son père et de sa mère. J'apporte un ordre du roi, qui est ainsi conçu :

(*Il lit.*)

« Tou-'an-kou jouit d'une grande autorité sur
« l'armée, et je crains qu'à la première occasion
« il ne se révolte contre moi. J'ordonne à Tching-
« peï d'aller secrètement le prendre, et d'exter-
« miner, sans égard pour l'âge ni pour le rang,
« toutes les personnes de sa famille. Après qu'il
« aura accompli cette mission, je le récompense-
« rai dignement. »

(*Il parle.*)

De peur que ce secret ne transpire, il faut que j'aille communiquer moi-même l'ordre royal à Tching-peï.

(*Il récite des vers.*)

« De vertueux ministres ont été massacrés. Une
« haine profonde couve depuis vingt ans. Ce ma-
« tin ce scélérat va être pris ; on verra alors que
« le meurtre est puni par le meurtre. »

SCÈNE II.

TOU-'AN-KOU (*suivi de soldats*).

J'ai passé tout le jour dans mon hôtel de général en chef ; maintenant je m'en retourne dans ma maison particulière. Officiers ! rangez vos soldats, marchez à leur tête, et faites-les suivre d'un pas lent et mesuré.

TCHING-PEÏ.

Holà ! voilà ce vieux brigand qui arrive !

TOU-'AN-KOU.

Que viens-tu faire ici, Tou-tching ?

TCHING-PEÏ.

Holà ! vieux scélérat ; je ne suis pas Tou-tching ; je suis l'Orphelin de la famille de Tchao. Il y a vingt ans que tu massacras sans pitié ma maison entière, qui se composait de trois cents personnes ; je vais te prendre aujourd'hui, pour venger les injures de ma famille.

TOU-'AN-KOU.

Qu'est-ce qui t'a appris tout cela ?

TCHING-PEÏ.

C'est Tching-ing.

TOU-'AN-KOU, *à part.*

Ce jeune homme ne paraît pas être venu ici avec de bonnes intentions. Sauvons-nous pour nous tirer d'affaire.

TCHING-PEÏ.

(*Il chante sur l'air: Siao-ho-chang.*)

« Moi (*ter*), j'ai déployé de tous côtés des forces
« imposantes; toi (*ter*), comment pourrais-tu
« fuir ou faire face à l'orage? Tout-à-coup (*ter*)
« je l'ai frappé de terreur, et son ame défaillante
« est prête à s'échapper. Retiens (*ter*) l'insolence
« de ta langue. Oui, oui, oui, il n'y a plus à dé-
« libérer. Courons, volons, précipitons-le de sa
« selle brodée. »

(*Tching-peï saisit Tou-'an-kou, qui est garotté par les soldats. A Tou-'an-kou.*)

Holà! Tou-'an-kou, infame brigand, qui immolais les hommes les plus vertueux! maintenant que te voilà pris par Tching-peï, qu'as-tu à répondre?

TOU-'AN-KOU.

Si j'avais été vainqueur, je devenais roi; vaincu, je suis votre prisonnier. Puisque je suis réduit à cette extrémité, je ne demande qu'une chose, c'est de mourir promptement.

TCHING-PEÏ, *parlant au premier ministre.*

Seigneur, prêtez votre appui à Tching-peï.

WEÏ-KIANG.

Tou-'an-kou, tu désires mourir promptement; mais moi je veux que tu expires d'une mort lente. —Soldats, prenez-moi ce brigand, clouez-le sur l'âne de bois, et disséquez-le lentement en trois mille morceaux. Quand vous aurez coupé toute sa peau et enlevé toute sa chair, vous fendrez sa poitrine et vous lui trancherez la tête. Gardez-vous de le faire mourir trop vite.

UN MESSAGER.

Voici les ordres du roi :

(*Il lit.*)

« Parce que Tou-'an-kou a immolé les hommes
« vertueux, et qu'il a cent fois violé les lois de
« l'État; parce qu'en un matin il a massacré in-
« dignement toutes les personnes de la maison de
« Tchao; il ne fallait pas que les hommes péné-
« trés du sentiment de la justice pussent accuser le
« Ciel d'aveuglement ou de faiblesse. L'Orphelin
« a vengé aujourd'hui des injures accumulées de-
« puis long-temps. Il a pris l'infâme ministre, et
« il a séparé sa tête de son corps. Je lui permets

« de reprendre son nom de famille, de s'appeler
« Tchao-wou¹, d'hériter de la dignité de ses pères,
« et de siéger parmi les ministres d'État. Han-
« kioué recevra des honneurs posthumes et sera
« élevé au grade de général en chef; Tching-ing
« aura une ferme de dix arpens; on élèvera un
« tombeau au vénérable Kong-sun, et sur une
« table de pierre, on gravera son éloge avec celui
« de Ti-mi-ming et des autres serviteurs qui se
« sont signalés par leur dévouement héroïque. Dès
« aujourd'hui, tout le royaume de Tsin va prendre
« une face nouvelle. Que tout le monde tourne
« ses regards vers le monarque qui manifeste au-
« jourd'hui sa bienfaisance sans bornes. »

(*Tching-ing et Tching-peï se prosternent pour remercier le roi de ses bienfaits.*

TCHING-PEÏ.

(*Il chante sur l'air Hoang-ting-weï.*)

« Je vous remercie, ô prince, de vos bienfaits
« qui vont descendre à grands flots sur tout le
« royaume de Tsin. Vous avez exterminé cet in-
« fame brigand, et vous avez anéanti toute sa fa-
« mille; vous avez accordé à un orphelin la faveur
« de changer son nom, et de ressaisir ses espé-

---

1 Ce nom signifie, littéralement, celui qui marche sur les traces de Tchao.

« rances, d'hériter de la dignité de ses pères, et
« d'être salué ministre d'État. Les hommes qui
« se sont sacrifiés pour l'honneur et pour la jus-
« tice reçoivent de justes encouragemens ; les offi-
« ciers militaires rentrent dans leurs fonctions ;
« les malheureux sont recueillis et entretenus par
« votre munificence ; vous accordez des monu-
« mens funèbres à ceux qui ne sont plus, et à
« ceux qui leur survivent, de hautes dignités et
« de nobles récompenses. Qui est-ce qui oserait
« affaiblir ou censurer vos bienfaits, qui s'éten-
« dent aussi loin que ceux du Ciel ?

FIN DE LA TRAGÉDIE.

Hân-wen, pendant tout le cours de la représentation, avait été ému et attentif. Quand la dernière scène eut été jouée, la jeune fille se tourna vers lui, et elle lui dit ces mots : — Que pense votre Seigneurie du petit orphelin de Tchao?

— L'orphelin de Tchao, dit Hân-wen, me rappelle l'histoire d'un autre orphelin, qui est aussi pleine d'intérêt et de pitié.

— Serais-je trop indiscrète de vous demander cette histoire, dit le père; ma fille et moi, nous l'écouterons avec plaisir, et d'ailleurs la journée n'est pas avancée.

Alors Hân-wen, sans se faire prier davantage, commença le récit suivant:

LA PEINTURE MYSTÉRIEUSE.

Sous le règne de Yong-tching, au quinzième siècle, dans le district de Hiang-ho, vivait un gouverneur, appelé Ni. Il était fort riche et n'avait qu'un fils, nommé Chen-ki. Ni devint veuf; quand son fils se maria, il résigna sa charge, et comme il était encore vigoureux d'esprit et de corps, il n'avait garde de rester oisif. Il visitait ses terres, assistait à ses récoltes, et administrait tout par plaisir.

Tous les ans il allait chez ses fermiers pour recueillir ses loyers. Alors c'était à qui s'occuperait de lui ; il était fêté de la manière la plus cordiale. On n'avait rien d'assez bon pour lui : poules, faisans, vins délicieux, conserves de fruits, on lui offrait tout, et toujours avec excuse de n'avoir rien à lui donner.

Le vieillard entrait dans sa soixante-dix-neuvième année ; il faisait sa tournée ordinaire, et l'un de ses fermiers l'avait régalé de son mieux. Un jour qu'il avait le cœur plein et les yeux humides à la vue de cette bonne et franche hospitalité, il sortit dans la campagne pour s'abandonner à ses rêveries. Il se promena quelque temps sans savoir où il allait. Il jouissait comme un enfant, de la paix, de la fraîcheur, de la verdure et des fleurs ; il regardait le ciel, qui se déroulait à souhait sur sa tête ; il écoutait le chant des oiseaux, le bruissement des insectes, l'agitation du feuillage ; son ame vivait largement, et des idées riantes et confuses y naissaient les unes des autres, peu s'en fallait que le vieillard ne redevînt jeune homme. Il avait comme des pressentimens ; cette émotion, qu'il n'avait pu vaincre, avait rouvert dans son cœur une source de poésie ; tout lui semblait plus beau, tout le préparait encore à un bien-être inconnu, qu'il était tenté de croire chimérique, tant il l'entrevoyait grand et divin.

Au moment où il sen défendait le plus sérieusement de ce retour de jeunesse, et cherchait à s'en distraire une bonne fois, il vit venir une jeune fille, qui se détourna de lui en rougissant, et prit un chemin oblique pour gagner une pièce d'eau qui était derrière lui.

Ce mouvement de pudeur excita l'intérêt du vieillard. Il feignit de se retirer, et se tint derrière un arbre pour observer la jeune fille. Elle était pauvrement vêtue, sa démarche était lente et triste, et quoique la timidité virginale fût empreinte dans toute sa personne, on y voyait encore mieux la peur qui naît de la misère.

Ni la regardait donc. Il avait cru d'abord n'éprouver que de la pitié; il s'avoua bientôt qu'il avait autre chose dans l'ame. La jeune fille approchait de la pièce d'eau, mais elle avait envie de revoir le vieillard, et la curiosité combattant avec la crainte, la pauvre enfant se retournait un peu pour savoir ce qu'il était devenu. Elle était bien faite ; elle avait le pas décent et gracieux, surtout depuis qu'elle avait vu le vieillard. Ses vêtemens délabrés n'ôtaient rien à l'élégance, à la pureté de ses mouvemens. Elle s'éloignait toujours, acquérant à chaque instant aux yeux du vieillard un charme plus doux et plus vague. Arrivée à la pièce d'eau, elle s'assit toute pensive, quoiqu'elle fût venue là pour autre chose, à en juger par un paquet de hardes et des ustensiles de lavage qu'elle portait péniblement. Puis tout à coup elle se leva, regarda du côté où le vieillard avait disparu, et se mit à l'œuvre avec la précipitation d'une personne qui craint le retour de certaines pensées.

Ni comprit tout cela. En dépit de ses soixante-dix-neuf ans, il souriait de tout cœur, en suivant les mouvemens de la jeune fille. Il attendit qu'elle quittât la pièce d'eau; il remarqua l'endroit où la jeune fille se retirait : c'était une petite maison située au bout du village, entourée d'une haie de bambous entrelacés. Quand elle eut disparu derrière le feuillage, le vieillard revint vivement chez le fermier et lui dit d'aller prendre sur la jeune fille d'exactes informations.

—Demandez surtout, lui dit-il, si elle est fiancée à quelqu'un; dans le cas contraire, mon intention est de l'épouser en qualité de femme secondaire; mais j'ignore si elle daignera m'écouter.

Le fermier revint bientôt avec des nouvelles encourageantes. La jeune fille n'avait pour tout parent qu'une grand'mère infirme, qu'elle soutenait par son travail. L'offre du vieillard était au-dessus de leurs espérances; la simplicité et la pureté de la jeune fille semblait la rendre indifférente sur l'âge d'un mari, et rien n'empêchait le vieillard de croire qu'elle serait heureuse en le rendant heureux.

Le mariage eut lieu. Tout s'y passa convenablement. Le vieillard était ravi, mais sa joie était grave et décente, et ne lui ôtait rien dans l'esprit des gens qui aimaient et honoraient ses vertus. Meï, la jeune mariée, se comportait modestement, sans rien perdre de sa grâce et de tous ses avantages. Les conviés admiraient franchement les époux; ils trouvaient dans cette douce et noble fête quelque chose d'extraordinaire qui frappait tous les cœurs, et aussi assez de calme pour en effacer toute apparence de bizarrerie. Cependant il y avait quelqu'un qui prenait mal la chose. Le fils du vieillard, qui était déjà marié, voyait de mauvais œil le nouveau mariage de son père. Chen-ki était sombre et silencieux au milieu de la gaité générale. Chaque fois qu'on s'empressait autour des époux, il se tenait à l'écart, la tête baissée, le regard fixé à terre, et toute sa contenance faisait voir le trouble de son ame. A peine eut-il la force d'attendre la fin de cette fête. Dès que les époux eurent disparu, il se retira des premiers et courut chez lui pour s'y livrer à son mécontentement.

Ni était trop heureux pour remarquer de sitôt les dispositions de Chen-ki. Les premiers mois de ce mariage furent assez sereins pour excuser la sécurité du vieillard et la confiance qu'il témoignait encore à son fils. Cependant il fallut bien qu'il ouvrit les yeux. Chen-ki ne pouvait plus se vaincre devant les époux. Sa cupidité d'héritier, alarmée par ce mariage, faisait naître dans son ame mille passions ignobles. Sa voix, son geste, son regard, trahissaient sa jalousie contre la femme de son père et contre l'enfant dont elle était déjà grosse. Meï pénétrait Chen-ki. L'affection sincère qu'elle portait à son mari l'aidait à reconnaître la haine qu'il inspirait à Chen-ki, et l'amour plus profond encore qu'elle avait d'avance pour son enfant, la rendait clairvoyante, comme par révélation, sur le mauvais vouloir de Chen-ki.

Meï accoucha heureusement d'un fils. Autant l'extrême vieillesse de Ni lui donnait d'inquiétude, autant elle se sentit calme et forte, quand le premier cri de son enfant vint réveiller son ame toute entière.

Tandis que Chen-ki se désespérait à l'idée d'un partage de patrimoine, tous les amis du vieillard venaient célébrer la naissance de l'enfant. Meï, déjà aimée pour elle-même, l'était encore désormais pour sa dignité de mère. Elle n'avait pas oublié son obscurité première et la grandeur des dons qu'elle tenait de son mari; mais sa modestie ne gênait pas sa fierté, et sa reconnaissance ne l'empêchait pas d'être libre et imposante, comme il convient à une maitresse de grande maison.

« Les éloges qu'on donnait à Meï mettaient Chen-ki hors de lui-même. Cette misérable, disait-il à sa femme, les aveugle comme elle a aveuglé mon père. C'en est fait de nous, si elle garde tant d'empire ; son orgueil, sa cupidité, sa coquetterie, épuiseront la fortune qui devait passer dans nos mains. Mon père s'est déjà oublié en l'épousant; maintenant qu'elle lui a donné un enfant, il n'y a plus de raison pour qu'il se ravise. Sa tête s'affaiblit de jour en jour; il ne voit que par les yeux de cette femme. Il en est venu à la croire fidèle, et pour la payer de cet effort, le moins qu'il voudra faire, sera de lui laisser tous ses biens.

Chen-ki eut beau dire, Meï resta en possession de son autorité. Il est vrai qu'il était seul à en blâmer l'usage. La jeune et belle femme rendait tout le monde heureux. Elle était prévenante, circonspecte, chaste sans ostentation, et facile sans légèreté. Ni oubliait qu'il vieillissait, tant il était vivant et inspiré à la vue de sa femme et de son enfant. Cette illusion ne pouvait durer; Chen-ki était toujours ici ou là, avec son maintien froid et mystérieux. Les pensées coupables qui s'élevaient dans son ame s'annonçaient par tout ce qu'il faisait pour les tenir secrètes.

L'enfant se développait à vue d'œil. Il se nommait Chen-chu; il ressemblait extraordinairement à son père. Sa jolie petite tête avait quelque chose de noble et de senti, qui s'alliait le plus heureusement du monde à l'étourderie de son âge. La majesté naissante de Chen-chu était aussi aimable, au milieu de ses gentillesses et de ses charmantes ignorances, que la simplicité d'enfant qu'on trouvait dans les grandes manières du vieillard.

Chen-chu grandissait vite; son intelligence était remarquable : il questionnait, il répondait, il comparait, non point par babil, comme il arrive souvent, mais par amour et par instinct du vrai. De façon que Nî fondait déjà sur lui de nobles espérances, et qu'il eut le courage de se séparer de Chen-chu pour l'envoyer à une bonne école, et l'art plus difficile encore de persuader le même sacrifice à Meï.

Chen-ki avait aussi un fils, et il lui avait donné le même maître. Il se fâcha encore, quand il vit le neveu et l'oncle, enfans tous deux, et tous deux écoliers, exposés à s'aimer l'un l'autre en dépit de ses sentimens. Malgré son avarice, il souffrait moins encore à l'idée de voir son fils cohéritier de Chen-chu qu'à l'idée de le voir son ami. Chen-chu était franc et bon, il gagnait tous les cœurs, comme son père et sa mère; il eût touché jusqu'à celui de Chen-ki, si Chen-ki eût eu un cœur; mais il n'en avait pas, et son premier soin fut de sauver à son fils une amitié dont il ne voulait pas pour lui-même. Il le retira de l'école, afin de le tenir sous sa main et de lui mettre dans l'ame les sentimens qu'il voulait y voir.

Cette nouvelle frappa douloureusement le vieillard. Jusque-là il avait ignoré, sans l'ignorer, la bassesse de cœur et l'envie mortelle de Chen-ki. Tous les doutes qu'il avait cru avoir étaient levés à jamais : Chen-ki était un fils dénaturé; Meï et Chen-chu avaient en lui un ennemi de cœur, et il s'agissait de détourner les effets de sa haine.

Ni alla conter sa douleur partout où n'étaient pas sa femme et son enfant. Il avait de dignes amis, qui avaient compris depuis long-temps la pensée de Chen-ki, sans en rien témoigner à son père. Quand ils virent que ce n'était plus un secret, ils pleurèrent librement avec le vieillard, et ils ne surent d'abord lui donner aucun conseil, quoiqu'il en eût besoin bien plus que de leur douleur.

Le vieillard rentra chez lui chancelant et comme enivré par le chagrin; il avait peine à se soutenir; il n'entendait rien, il ne voyait rien; dans son trouble il heurta du pied contre le seuil de la porte et il tomba à la renverse. Meï accourut le relever et le conduisit sur un canapé : il était

privé de sentiment. Sans perdre de temps, elle
appela un habile médecin, qui, après avoir tâté
le pouls du vieillard, déclara qu'il était dans le
plus grand danger. Il prescrivit quelques médica-
mens, et le lendemain il en reconnut l'inutilité,
sans pouvoir en imaginer de meilleurs.

Ni avait l'esprit calme et ferme, malgré l'abat-
tement de son corps. Il se rendit compte de son
état, en dépit des paroles rassurantes de Meï, qui
cherchait à lui faire illusion. Il est vrai que Chen-
ki se comportait de manière à lui ouvrir les yeux.
Il prenait déjà le ton et les manières d'un héritier qui entre en jouissance. A voir son insolence
envers les gens de la maison, son empressement à
déménager les effets, et tout son sang-froid à s'ins-
taller propriétaire, il n'y avait plus à douter que
son père ne fût perdu. Le malheureux vieillard
n'essaya pas même d'ignorer tout cela. Depuis
long-temps il avait pénétré Chen-ki, et tel il le
voyait à présent, tel il l'avait toujours vu. A mesure que la mort approchait, il concevait mieux
l'avenir qui s'ouvrirait pour Meï et son enfant.
Afin de les protéger un peu contre la haine de
Chen-ki, il s'avisa d'un moyen extrême, dont ils
connurent plus tard la profonde sagesse.

Le malade fit venir Chen-ki; il lui remit le
livre qui contenait, avec l'état de ses biens meubles et immeubles, argent et objets précieux, un

testament écrit de sa main, qui l'instituait légataire universel, à charge par lui de donner à Meï et à Chen-chu une petite maison et quelques arpens de terre, et ce qu'il faudrait pour tirer parti de la propriété et s'y suffire en attendant les récoltes.

Meï aimait surtout dans le vieillard le père de son enfant; quand elle vit Chen-chu comme déshérité et réduit encore à tout demander à Chen-ki, elle ne put cacher sa douleur, et le départ de Chen-ki, qui n'avait plus rien à demander, la laissant libre, pour la première fois, de parler au moribond et de répandre son ame devant lui, elle lui peignit l'état où allait tomber son enfant, et l'abus que ferait Chen-ki des droits déjà abusifs que le testament lui avait donnés.

Ni l'arrêta court, en tirant de dessous son oreiller un rouleau qui ressemblait à un manuscrit. Il le développa devant elle, et Meï reconnut que c'était le portrait du vieillard.

« Ce portrait, lui dit-il, renferme un secret important. Conservez-le religieusement et secrètement aussi. Quand Chen-chu sera grand, si Chen-ki ne lui donne aucune marque d'intérêt, renfermez votre secret au fond de votre cœur, et attendez qu'on vous désigne un magistrat intègre et pénétrant. Vous lui présenterez cette peinture, et, après lui avoir fait connaître mes dernières volontés à cet égard, vous le prierez de vous donner la solution de l'énigme qu'elle renferme. L'explication viendra s'offrir naturellement à son esprit; et dès-lors vous trouverez de quoi vivre vous et votre fils, et même de quoi vous procurer toutes les jouissances de la fortune.»

Meï serra soigneusement la peinture et donna ses derniers soins au malade, avec une sécurité maternelle qui redoublait son dévouement d'épouse.

Ni mourut quelques jours après. Chen-ki accourut pour visiter tout dans la maison, tout, excepté son père mort. Meï fut sommée de produire ce qu'elle avait, et ce qu'elle n'avait même pas. Mais son empressement abusa Chen-ki. Quand elle le vit près de la cassette où elle avait caché le portrait, elle l'ouvrit et montra quelques effets qui se trouvaient par-dessus, elle fit même semblant de vouloir tout disperser pour satisfaire Chen-ki, qui n'avait pas encore eu le temps d'en donner l'ordre. Cette bonne volonté la sauva. Chen-ki sortit brusquement, laissant à Meï le soin de veiller sur le corps du défunt, et de préparer ses funérailles.

Une fois entré dans ses droits, Chen-ki ne garda point de mesure. La mort de son père l'avait rendu maître du sort de Meï et de Chenchu, malgré la lettre du testament. Il fit venir des architectes, des peintres, des décorateurs, se meubla magnifiquement, et satisfit tous les caprices de son orgueil, autant que le lui permettait son amour de l'argent et de l'or.

Pendant que Chen-ki faisait élargir et exhausser son hôtel, pendant qu'il augmentait son domestique et conduisait de front deux entreprises, celle d'étonner et de désespérer ses voisins par son faste, et celle de s'assurer les moyens de l'augmenter et d'agrandir ses revenus, Meï et Chen-chu vivaient à l'écart dans une maison délabrée, située derrière son jardin, manquant de tout et n'osant pas exposer à Chen-ki des besoins qu'il connaissait déjà.

Chen-chu était pourtant moins timide que sa mère. La voyant mendier et travailler tour à tour, et trouver encore à grand'peine de quoi se nourrir, elle et lui, il se sentit le courage d'aller dire à Chen-ki : Je suis ton frère !

Chen-ki le reçut mal. Il eut l'air d'être déshonoré par la visite du mendiant; il parla haut, il alla même jusqu'à maltraiter Chen-chu, en lui reprochant sa prétendue illégitimité.

Chen-chu n'était qu'un enfant; mais il avait déjà l'ame d'un homme, dont Chen-ki n'avait que la figure. Il revint chez sa mère, l'œil en feu, le maintien relevé, et Meï ne vit d'abord que cela, tant cela était beau à voir. Elle serra Chen-chu contre son cœur avec un orgueil qui la dédommageait, pour un moment, de tout ce qu'elle souffrait avec son enfant.

L'injustice et la basse insolence de Chen-ki avaient fait un grand effet sur Chen-chu. L'enfant était né fier et sensible; l'instinct confus de sa dignité et l'idée plus claire de la douleur de Meï le mirent au-dessus de lui-même. Sa petite tête médita, comme si déjà il en eût été temps ; il jura en son petit cœur d'aviser à la punition de Chen-ki.

Les années s'écoulaient et les choses avaient toujours le même cours. Chen-ki devenait plus brillant, plus solidement riche et surtout plus inhumain ; Meï croissait en vertu comme en misère, et le pauvre Chen-chu portait des haillons, quoique ayant dans les manières quelque chose qui n'était pas du mendiant; il était obscur et négligé de tous, quoique doué d'une de ces physionomies qui éclatent au milieu des plus sombres jours ; il était à la merci de la pitié publique, quoique étant beau d'avance de la générosité qu'il manifesterait un jour.

Quand son cœur fut bien plein et qu'il se crut fait pour aider par son intelligence l'intelligence de Meï, comme ses mains secondaient déjà les siennes, il voulut, mais il voulut gravement, qu'elle lui contât son histoire et celle de Ni, afin d'y chercher jour à réparer les maux qui commençaient à le lasser pour elle, comme ils la lassaient pour lui.

Meï montra le portrait mystérieux et dit à Chen-chu quelles avaient été là-dessus les instructions du vieillard.

« Et je n'en savais rien, s'écria Chen-chu. Donnez, donnez, ma mère. Cette énigme, car c'en est bien une, sera bientôt devinée. J'ai trouvé l'homme qu'il nous faut. »

Chen-chu prit le portrait et courut chez un magistrat qu'il connaissait bien, par le privilége qu'ont les mendians de tout connaître. Dans son oisiveté, Chen-chu avait été partout, il avait tout vu, tout entendu, anecdotes privées et affaires publiques, disputes des lettrés et débats des tribunaux.

Le seigneur Teng, auquel s'adressa Chen-chu, était un de ces hommes rares partout et partout précieux, qui jugent par eux-mêmes et font passer l'esprit de la loi bien avant la lettre. C'était un magistrat renommé, qui s'était produit lentement et en dépit de tous les jurisconsultes de talent, par la raison fort simple qu'il avait du génie. Modeste et circonspect, lors même que ses hauts succès semblaient l'en dispenser, il se souvenait toujours d'avoir été méconnu quand il était déjà tout ce qu'il devait paraître un jour, et, accoutumé qu'il était et qu'il voulait être à voir la nullité d'un homme derrière son importance sociale et sa grandeur sous sa petitesse apparente ; il avait pénétré le jeune Chen-chu, il l'avait profondément jugé à la manière seule dont l'enfant l'avait écouté rendant ses sentences.

Le magistrat examine le portrait. C'était le seigneur Ni, tenant un enfant d'une main contre son cœur, et de l'autre montrant la terre avec un coup d'œil expressif.

Chen-chu ne lui dit rien ; il se retira d'un air solennel, pour laisser au juge le loisir de percer le mystère.

Teng commença par s'y perdre. Il n'avait pas de recours à questionner Meï. L'histoire de cette femme lui était connue, et il n'y avait rien vu qui pût le mettre sur la voie.

Malgré les lumières qu'il tenait de ses livres, de son expérience et de son noble cœur, le seigneur Teng désespérait de saisir la pensée du défunt. Il prenait le portrait par tous les sens, il l'étudiait dans toutes les dispositions d'esprit, et lorsqu'il revenait du tribunal, encore rempli d'inspirations de logique et d'équité, et lorsqu'il sortait du temple, le cœur épuré et rendu clairvoyant par la communication du grand Être, et lorsqu'il venait de causer avec ses amis et sa famille, ayant l'ame toute prête à comprendre ce qu'avait pu vouloir l'ame si bonne et si vraie du seigneur Ni. Mais rien ne disait de près ou de loin au digne magistrat le mot qu'il voulait savoir.

Il mettait tant de zèle à cette affaire, il en reconnaissait si religieusement l'importance, il y avait quelque chose de si sacré dans ses dispositions, qu'il n'osa point regarder comme un hasard, mais bien comme un avis d'en haut, l'incident qui vint le tirer de sa perplexité.

Un jour, en se mettant à table, il fit placer près de lui le portrait, qui ne le quittait plus. Il commença, il acheva son repas, en songeant toujours à cette énigme si rebelle, et il se frappait le front, en homme qui se désole et s'humilie, quand il s'aperçut que ce mouvement avait jeté sur le portrait le thé qui remplissait un grand vase. Il releva vivement le portrait, et après l'avoir essuyé avec précaution, il alla le suspendre à la rampe d'un escalier, qui recevait à plein le soleil. L'humidité avait rendu la toile transparente. Teng s'en aperçut : il regarda de plus près pour s'assurer que les couleurs n'étaient point endommagées. Il put alors remarquer que des lignes, devenues tout à coup visibles, traversaient le portrait de haut en bas. C'était de l'écriture, il n'en pouvait douter. Teng dédoubla le portrait et vit qu'entre les deux toiles il y avait une feuille écrite à la main et contenant un testament signé du seigneur Ni.

Le seigneur Ni avait assuré par ce testament le sort de sa femme et de son enfant. Mais pour remplir ses intentions, il fallait que le magistrat usât de quelque prudence.

Il manda Meï et Chen-chu, leur dit que tout allait bien, et leur recommanda le silence jusqu'à nouvel ordre.

Le lendemain le seigneur Teng fit prévenir de sa visite l'insolent Chen-ki, qui ne s'y attendait guère. Chen-ki eut ordre de réunir ses parens, amis et voisins en bon nombre, et quand l'assemblée fut formée, le seigneur Teng parut en grande pompe judiciaire, le testament roulé dans une main, et de l'autre faisant des gestes qu'on ne comprit point sur-le-champ. Au lieu de répondre aux civilités, aux hommages même de tous les assistans, dont Chen-ki était le plus humble, par un vague et triste pressentiment; au lieu d'avancer jusqu'au siége élevé, qui se trouvait placé par honneur au milieu de la salle de réception, le magistrat s'arrêta sur le seuil, la tête découverte, contre l'usage des juges en présence du public; il salua profondément on ne savait qui, car dans la direction où il faisait ces démonstrations, il n'y avait que le fauteuil vide.

Le magistrat continua ses mouvemens mystérieux, au grand étonnement et bientôt à la grande frayeur de Chen-ki et de tout son monde. Il se penchait en avant, tremblait et parlait d'une voix altérée, comme s'il eût eu affaire à une personne invisible pour tout autre que lui.

Ce manége était si soutenu et si grave, que Chen-ki ne douta plus de l'apparition. Il avait beau être attentif à ce qui frappait le magistrat, il ne voyait rien, il n'entendait rien de ce que celui-ci voyait et entendait.

« Je vous entends, disait le seigneur Teng à la personne qui l'occupait ainsi ; j'obéirai seigneur. Ni, j'obéirai, je vous le jure. Et d'abord ne dois-je pas faire une question à Chen-ki? »

Et s'adressant à ce dernier, il lui enjoignit d'ouvrir l'ancien testament, celui dont il s'était appliqué les dispositions. Il y était question de la maison et du terrain que Chen-ki devait donner à son frère. Chen-ki se déclara prêt à remplir cette volonté, et s'étonna de ce que le seigneur Teng avait mis tant d'appareil pour en réclamer l'exécution. Il promit, il promit tout haut, à sa requête, de laisser à Chen-chu en toute propriété la maison où il était à cette heure, et les quelques arpens qui en dépendaient.

Cela dit et juré par-devant tant de témoins, Chen-ki attendit avec le plus grand trouble que le magistrat expliquât toute sa pensée.

Pendant qu'on rédigeait l'acte en vertu duquel Chen-chu devenait maître de la propriété, le seigneur Teng conversait toujours avec l'esprit du défunt. Quand Chen-ki eut signé, et avec lui les témoins, le magistrat parut recevoir un ordre précis du mort, et il y répondit par un signe d'obéissance, et faisant venir aussitôt un homme armé d'une pelle et d'une pioche, il alla droit à une place que son guide invisible semblait lui indiquer nettement : il ouvrit le sol, creusa, sans ombre d'hésitation, à une certaine profondeur, et en tira un vase où il y avait une somme considérable, qui égalait le prix des biens laissés à Chen-ki par l'un des deux testamens. Chen-ki avait commencé à se remettre avant cette découverte, et peu à peu il s'était hasardé à sourire de ses alarmes; mais quand le seigneur Teng eut ouvert le vase, et l'eut présenté à son guide invisible, comme pour le remercier de l'avoir conduit à la bonne place, Chen-ki changea de couleur et faillit tomber à la renverse.

Le magistrat n'en avait pas fini. Au moment où il se retirait, après avoir remis à Meï et à Chen-chu leur fortune inattendue, il se retourna tout à coup, comme si l'esprit du défunt l'eût appelé par derrière; et il revint vers la fosse en se débattant avec lui et en disant d'une voix de plus en plus élevée — Je ne veux pas, seigneur Ni, je n'ai droit à rien; j'ai rendu la justice, et c'est bien assez pour moi.

Cependant il finit par se rendre, sur l'invitation, sur l'ordre même de Meï et de Chen-chu, qui semblait entendre comme lui les paroles du défunt, et remuant encore une fois la terre, il y trouva un vase plus petit que le premier et contenant une somme qu'il prit pour lui-même, après le refus, accompagné de serment, que Meï et Chen-chu exprimèrent de prendre pour eux cette somme.

Cette scène s'était passée si sérieusement, que Chen-ki et ses amis n'osèrent pas même interroger le magistrat. Ils restèrent stupéfaits et silencieux, pendant qu'il sortait de la maison, suivi de Meï et de Chen-chu.

Quand le magistrat fut seul avec eux, il s'expliqua enfin. Il ne leur avait pas lu le testament, dans la crainte que leur indiscrétion ne nuisît à ses projets. Le lieu du dépôt était indiqué dans cette pièce, la somme du grand vase l'était encore, avec celle du petit vase, et la destination de cette dernière au magistrat qui aurait pénétré le sens du portrait.

C'est ainsi que Chen-ki fut puni dans son avarice, en voyant passer aux mains de son frère une belle et solide fortune, et dans sa haine, en voyant Chen-chu s'élever au point de n'avoir plus rien à redouter de sa part.

Après ce récit Hân-wen fut conduit par ses hôtes dans un petit jardin merveilleusement disposé pour le repos et pour la causerie. Un long jet d'eau, qui paraissait sortir du creux d'un rocher, s'échappait en murmurant, et l'onde plaintive circulait à travers les arbustes en fleurs. C'est là qu'ils allèrent tous s'asseoir, Hân-wen, le général et sa fille. La fille cependant, après s'être remise de l'émotion que lui avaient inspirée les malheurs du petit orphelin, reprit la parole en ces termes :

— Seigneur, dit-elle à Hân-wen, c'est là sans doute une belle poésie ; mais si votre seigneurie a le temps de m'entendre, je lui raconterai d'autres poésies et d'autres histoires, qui pour être moins solennelles, n'en sont pas moins pleines de charme et d'intérêt. Il est vrai que ce sont des poésies faites par des femmes, ajouta la jeune fille en baissant les yeux d'un air plein de candeur.

— Mademoiselle, répondit Hân-wen, oserai-je vous prier de ne pas me refuser cette grâce, de me conter ces histoires et de me dire ces vers ; personne plus que moi ne se sent un grand respect pour les poésies des femmes. Vous avez lu, sans doute, le Recueil des cent femmes chinoises; quelle mélodie! quel parfum d'amour et d'innocence! quelle tendresse! quelle naïveté! quelle tendre et calme soumission aux ordres du Ciel! que de larmes elles ont répandues dans leurs vers, ces pauvres femmes, des larmes venant du cœur. Épigrammes, quatrains, chants d'amour, chants de regrets, comme elles savent tout exprimer, tout peindre, tout sentir! Oh, je vous en prie, dites-moi les vers de ces femmes, qui nous paraîtront encore plus mélodieux au murmure de ce petit ruisseau.

Alors elle commença en ces termes :

— Vous avez peut être entendu parler de la belle *Chou-scheuh-ching;* elle a publié une suite de poèmes intitulés : *Peines du cœur.* Elle était belle, elle était sensible, elle avait un mari qu'elle aimait de toute son ame, et qui la trahit, le méchant qu'il était! Alors, pour consoler ses douleurs, *Chou-scheuh-ching* fit en vers l'histoire de ses malheurs.

« Il y a un an, dit-elle, jour pour jour, hélas! ce souvenir est là qui me tue, la lune brillait au ciel et les lampes brûlaient sur la terre (c'était la fête des lampes). La nuit était pure et calme, et mon cœur calme et pur ne connaissait pas l'amour.

« Hélas! les lampes brillent de nouveau, la lune est encore brillante et pure, le ciel est calme, mais mon cœur brûle; il aime, et l'ingrat, qui est parti, ne répond plus à mon amour! »

Mais laissons cette triste histoire. Voulez-vous une histoire plus gaie, écoutez l'histoire de la jeune *Jin-she.*

Jin-she était poète à dix ans. A dix ans elle confiait aux feuilles volantes ses premiers vers, et puis le vent les emportait comme autant de soupirs. Un jour le riche et beau Hou-te-kou, mandarin lettré, voit tomber sur sa tête une feuille de bambou, sur laquelle elle avait écrit ces vers en caractères très-élégans et très-déliés:

« Viens, ô viens, toi qui dois essuyer mes larmes; abandonne ton riche palais; viens apprendre à connaître mon cœur!

« Ma douleur ne sera pas confiée au

papier, ni à la pierre; j'emprunte le secours d'une feuille volante, et j'aurai pour messager le zéphyr.

« Allez, zéphyr, mon messager, portez au loin la feuille légère; remettez-la à celui que j'appelle, et qu'il vienne; allez zéphyr!

« Mais quoi! pourra-t-il entendre la voix qui crie? pourra-t-il lire les vers de la feuille messagère, et saura-t-il jamais qui je suis? »

Telle était cette élégie. Hou-te-kou en fut vivement touché; il prit délicatement la feuille de palmier et il en faisait le sujet de ses méditations. Cependant le temps qui s'écoule amena l'heure du mariage. Houke-tou choisit une épouse : le hasard, ou plutôt le Ciel lui fit choisir la belle Jinshe. Mais dans son mariage le lettré était triste; il regrettait la belle main qui avait tracé les vers; il l'appelait en secret; il répétait tout bas l'élégie : *Viens, ô viens, toi qui dois sécher mes larmes.* Un jour sa jeune femme le surprit au moment où il se répétait à lui-même ces beaux vers pour la millième fois. Attends, attends, lui dit-elle, mon cher époux! les vers que tu répètes, c'est moi qui les ai écrits; où est la feuille de bambou? En même temps elle récita toutes les stances en pleurant; mais c'étaient des larmes de joie cette fois.

— Voilà, dit Hân-wen, une histoire bien touchante; et c'est une merveille de voir des femmes si savantes et si grands poètes. Que sommes-nous, nous autres pauvres lettrés, comparés à ces grands poètes? Mais de grâce, mademoiselle, ne savez-vous pas d'autres histoires et d'autres vers? Je suis si avide de vous entendre, qu'il me semble assister aux leçons du grand-prêtre de Fo lui-même.

— Oui, vraiment, répondit la jeune fille, je sais encore plusieurs histoires poétiques : l'histoire de *Sou-hong*, par exemple. Elle était la femme d'un officier nommé *Tou-taou*, que l'empereur avait exilé dans les déserts de Lohamo. Sou-hong supporta avec le plus grand courage cet exil qui la privait de ce qui lui était cher. Elle écrivait de temps à autre à son époux des élégies pleines de tendresse et d'espérances :

« Que j'ai versé de larmes, quand tu

partis pour l'exil! D'ici je suivais tes pas; je gravissais avec toi les montagnes bleues; d'ici je traversais les fleuves et les déserts sablonneux.

« Hors de moi, éperdue, mourante, je voulus parler; mais ma voix expira sur mes lèvres, et tu partis sans entendre le cri de mon cœur. Ne m'oublie pas, mon cher époux!

« Que de temps s'est passé depuis ce jour! Où es-tu et que fais-tu? Et vis-tu encore? Ma maison est triste et t'appelle. Le kioske, élevé par toi est solitaire; la terrasse que tu as bâtie est inculte; la poussière couvre tes salons dorés.

« Je n'ai plus, plus d'espérance! la vie sans toi c'est la mort! Quand pourrai-je te revoir, mon époux? Que ne suis-je le nuage au sommet de la montagne, ou le mélancolique rayon de lune sur la mer!

« Car le nuage te suit dans ta marche, car le rayon de lune t'éclaire; pourquoi faut-il que je sois réduite à leur envier un bonheur qu'ils ne comprennent pas?

« Au moins, s'il y avait près de toi un cœur ami de ton infortune, une voix pour te consoler, une main bienfaisante pour joncher de fleurs les chemins de l'exil!... Mais, que dis-je? vœux superflus, songes inutiles, qui s'évanouissent dans l'air!

« Dans les jardins l'herbe a poussé; ton luth est muet; la vallée ne répète plus le son de ta voix; l'écho s'est endormi: quand donc reviendront-ils nous redonner la vie?

« Nos deux ames fidèles sont séparées par des montagnes, par des fleuves qui coulent leurs eaux tranquilles; et moi, pendant le jour, caché sous un saule, je te pleure, et pendant la nuit, sur ma couche glacée, je te pleure.

« Voici trois printemps, hélas! trois fois les oiseaux sont revenus de leur exil, tout joyeux et chantant la chanson du retour. Et toi, et toi, quand reviendra ton printemps? La douleur brise mon cœur! mais il faut que je m'arrête; voici que les larmes inondent mon papier.

« Souviens-toi, souviens-toi de celle qui t'aime! Elle t'aime toujours; elle ne vit que pour toi. Peut-être le Ciel, touché de nos malheurs, fléchira la colère de notre maître, qui te rendra à mes embrassemens! »

Ainsi écrivait la pauvre Sou-hong; et cependant elle obsédait de ses plaintes toute la cour de l'empereur et l'empereur lui-même. Nuit et jour elle brodait sur un tissu de soie les plus beaux et les plus savans caractères. Quand elle les eut tous brodés, au nombre de plus de deux cents, elle envoya son écharpe à l'empereur, qui se laissa fléchir et qui rappela Tou-taou de l'exil.

Cette histoire fut trouvée encore plus touchante que les autres. La jeune fille, voyant que Hân-wen avait les larmes aux yeux, lui raconta l'histoire de la belle *Mei-fe*, la favorite de l'empereur Ming-tang. Ming-tang, l'ayant répudiée, lui envoya un collier de perles. Mei-fe répondit ainsi à son mari :

« Ne voyez-vous pas comme je suis affligée ? vous m'envoyez des perles, à moi qui pleure votre amour ! »

Et encore l'histoire de la reine *Fung-seung-lin* :

Quand la Chine fut envahie par les Tartares, cette noble princesse fut jetée dans un cachot. Elle charmait les heures de sa captivité en cultivant la musique et la poésie. Comme, en présence de son maître, elle jouait du luth, une corde se cassa, et alors la princesse improvisa ces vers :

« Je chantais, ô grand roi, et j'étais triste, pensant à mon époux. Regardez cette corde brisée : voilà l'état de mon cœur ! »

La jeune fille termina son récit par une histoire toute récente ; touchante et naïve histoire, qu'elle raconta en ces mots :

Kae-yen était une des filles de l'empereur Yen-tsung. C'est une des habitudes des filles et des femmes de l'empereur de coudre les habits destinés aux soldats qui gardent les frontières. Ces soldats ne se doutent pas que plus d'une fois leur habit de guerre a été cousu par des mains impériales : cela est pourtant ainsi. Quel plus noble emploi de leur temps pourraient faire les filles de l'empereur ?

Un jour que la jeune Kae-yen était occupée à ce rude travail, l'aiguille lui tomba des mains, et, prenant sa plume, elle écrivit ces vers à la hâte, tels que le lui inspirait le découragement du moment :

« O toi, que j'aime sans te connaître, lorsque tu veilleras au milieu d'une nuit glacée, quand tu reposeras sur ton sabre tes bras victorieux, pense à cela, qu'une jeune fille a cousu ces vêtemens pour toi !

« Ce travail m'est doux et cher. Les heures s'écoulent rapides. Quand tu regarderas cette étoffe, songe que chaque point tracé par l'aiguille a fait battre mon cœur !

« Mais toi, soldat, inconnu pour moi, répondras-tu à ces vers, ou plutôt n'es-tu pas sur le point d'appartenir à une autre femme ? Ah, je sens que je mourrais alors ! »

Quand elle eut écrit ces vers, elle les mit dans la poche de l'habit qu'elle avait cousu de ses mains. Et l'habit fut emporté, destiné aux soldats des frontières.

Dans le camp des soldats de l'empereur se faisait remarquer un jeune et beau soldat, d'un esprit vif, d'un grand courage, et ce qui vaut tout le reste, d'un grand bonheur; il était plein de feu et de cœur. C'est à lui que le sort, ou plutôt, c'est à lui que sa grande taille fit échoir en partage l'habit cousu par la fille de l'empereur. Quand il eut porté cet habit, je ne sais quelle vertu nouvelle s'empara de son ame. Ses yeux brillaient d'un feu plus vif; son cœur bondit plus violemment dans sa poitrine; il se distingua dans tous les exercices et dans toutes les guerres. Un jour que dans une grande bataille il s'était signalé contre l'ennemi, le jeune soldat, accablé de fatigue, s'étendit sous un arbre le long du chemin. Il portait ce jour-là le bel habit impérial. Tout à coup, dans une poche où il n'avait pas encore plongé la main, le jeune homme sent un papier mystérieusement plié. Il saisit le papier, il lit les vers. Il y avait tant de candeur et tant de passion naïve dans ces vers, qu'il versa d'abondantes larmes. Justement l'empereur passait, précédé d'une légère escorte. L'empereur vit pleurer son soldat, et, s'arrêtant devant lui — Pourquoi pleures-tu? lui dit-il. Lui, troublé à l'aspect du maître souverain du céleste empire, ne sait que répondre, et pour toute réponse il présenta à l'empereur les vers qu'il venait de trouver dans son habit et qui faisaient couler ses larmes.

Quelle fut la surprise de l'empereur, quand, en lisant ces vers, il reconnut l'esprit et l'écriture de sa fille chérie! C'était donc bien elle, elle élevée avec tant de soins et de mystères dans l'intérieur du palais, qui avouait ainsi son amour à un soldat inconnu! A l'aspect de ces vers et de cette écriture, qu'il connaissait si bien, l'empereur est saisi d'une vive colère. Il ordonne que le soldat soit jeté dans un cachot, où il attendra sa sentence. La princesse, sa fille, est jetée, elle aussi, dans un cachot, non moins profond. Les deux coupables sont condamnés à mort.

Le jour fatal arrivé, on conduit le soldat au supplice. Il y marche d'un pas ferme, revêtu de son habit de fête et de bataille. En même temps les bourreaux et les gardes vont chercher la princesse pour la mener à la mort. Elle y marche d'un pas ferme et couverte d'un long voile. Ils arrivèrent ainsi tous les deux, elle et lui à la même place, au pied de l'échafaud : ce fut seulement alors qu'ils purent se voir l'un l'autre. Lui, la voyant si belle et si résignée, se dit à lui-même qu'il était trop heureux de mourir avec elle, puisqu'il ne pouvait pas vivre avec elle. Elle, de son côté, le voyant si brave et si beau, rendit grâce au Ciel que ses vers fussent tombés entre des mains si-généreuses et qu'ils eussent fait battre un si noble cœur. En même temps ils se préparaient au dernier supplice. Les bourreaux tremblaient, les spectateurs se voilaient les yeux de leurs mains.

Tout à coup un grand cri se fait entendre..... c'est l'empereur! Il arrive : le pardon est sur son auguste visage. — Relevez-vous, dit-il aux deux coupables. Toi, dit-il au soldat, je te pardonne, parce que tu es le plus brave de l'armée. Et toi, ma fille, je te pardonne, parce que tu es la plus savante du céleste empire! Disant ces mots, il la maria à l'heureux soldat, en lui disant : Je te donne celui que tu as tant appelé.

Ici s'arrêta le récit de la jeune fille. Pouvait-elle mieux finir que par le récit de cette mémorable action de l'empereur?

Ainsi se passa cette journée, qui remplit le cœur de Hân-wen d'espérance et de bonheur.

CHAPITRE VI.

Hân-wen, après avoir pris congé de ses nouveaux amis, rentra sur la Montagne d'or, et se livra de nouveau à ses longues études. Le temps s'échappa avec la rapidité d'une flèche qui fend les airs. Bientôt arriva le concours d'automne : Hân-Wen fit ses préparatifs de départ, et se rendit ensuite dans la capitale de sa province pour obtenir le grade de Kiu-Jiû. Le concours fut long et plein d'ardeur.

Hân-wen fut interrogé sur la philosophie de son pays. Il fit l'histoire de Fo-hi, le sage empereur, qui vivait deux mille cinq cents ans avant J. Ch. Fo-hi fut le premier philosophe de son royaume. Comme l'écriture n'était pas encore inventée, il traça les lignes mystérieuses de sa sagesse sur des tablettes que l'on conserve encore. Après lui viennent les empereurs Yao, Choun, You. Le premier règle le calendrier, établit la justice. Il fut si bon, que, ne trouvant pas ses fils dignes de monter sur le trône après lui, il y fit monter un simple laboureur, Choan, qui à son tour nomma pour lui succéder Youn, un autre laboureur comme lui. Ces trois princes ont fondé la philosophie des Chinois. Ils ont dit aux princes : *Vos sujets sont vos enfans !* ils ont dit aux sujets : *Dans votre roi reconnaissez votre père !* Le grand philosophe Confucius, venu après ces illustres empereurs, n'a fait que confirmer leur doctrine. Confucius était le contemporain de Solon : belle époque pour la philosophie humaine ! En ce temps-là Thalès vivait encore, Pythagore florissait, et Socrate allait naître ! Dès sa plus tendre jeunesse Confucius se livra tout entier à l'étude des anciens livres ; il y recueillait avec soin les maximes utiles à la conduite de la vie ; il y conformait ses mœurs, et dans un âge si tendre il se préparait à devenir le précepteur de sa nation.

Confucius exerça la magistrature et les charges les plus élevées de son pays ; à cinquante-cinq ans il était le principal ministre de l'empire, et bientôt la nation comprit qu'elle était gouvernée par un sage. La paix régnait de toutes parts ; les mœurs et les lois étaient souveraines maîtresses. Les peuples voisins, jaloux de tant de prospérités, essayèrent d'y mettre un terme en corrompant les mœurs de l'empereur. Ils lui envoyèrent donc de belles esclaves, de savans cuisiniers, d'habiles musiciens. L'imprudent empereur s'abandonna à ces dangereux plaisirs. Confucius le sage veut en vain s'opposer à ces tristes erreurs, l'empereur n'écoute plus sa voix. Il faut donc que le ministre se retire, il faut qu'il abandonne ses grands projets pour le bonheur public! Il s'éloigne en pleurant, et comme il n'avait jamais pensé qu'au bonheur du peuple, il fut bientôt plongé dans la plus grande pauvreté. Alors, triste spectacle! on vit cet homme sage réduit à la plus grande misère, sans asyle, sans pain, sans repos, en butte aux insultes des grands et aux mépris du peuple, qui est toujours ingrat. Une fois même un mandarin leva le cimeterre sur la tête de ce grand homme. Confucius ne courba pas la tête : « Si le Ciel me protége, dit-il, que peut contre moi la haine d'un homme puissant? »

Il mourut à l'âge de soixante et treize ans. Voilà ses dernières paroles : « Les rois n'observent pas ce que j'enseigne, il ne me reste plus qu'à mourir ! »

Et ce qui arrive toujours aux grands hommes méconnus de leur vivant, cet homme, persécuté pendant sa vie, eut des autels après sa mort. Tous les sages, tous les magistrats, tous les lettrés, tous les empereurs du céleste empire se font honneur de ce titre : *Disciples de Confucius*. Dans chaque ville de ces vastes royaumes des gymnases portent son nom, et chaque mandarin met pied à terre, quand il passe devant ce seuil vénéré. Chaque nouveau lettré lui doit un sacrifice ; on l'appelle le grand maître, le saint, le roi des lettrés. Un diplôme de l'empereur appelle *Disciples de Confucius*, ceux parmi ses sujets qui se sont le plus distingués. Sa postérité existe encore, et le chef de cette illustre famille est entouré des mêmes honneurs que s'il était lui-même Confucius. Les docteurs lui font les mêmes présens ; l'empereur le reçoit à sa cour ; c'est la seule maison de l'empire dans laquelle la noblesse soit héréditaire. «Je révère Confucius, disait l'empereur Youn dans un de ses édits, les empereurs sont les maîtres du peuple, et lui, il est le maître des empereurs. »

Hân-wen, interrogé par ses juges, rendit un juste hommage au sage Confucius, en récitant ses plus illustres maximes, comme un homme qui les comprend et qui les met en pratique. Ce fut là la partie la plus utile et en même temps la plus brillante du concours.

MAXIMES.

1.

Celui qui, sincèrement et de bonne foi, mesure les autres d'après lui-même, obéit à cette loi de la nature imprimée dans son sein, qui lui dicte de ne pas faire aux autres ce qu'il ne voudrait pas qu'on lui fît, de faire pour les autres ce qu'il voudrait qu'on fît pour lui-même.

2.

Toutes les actions inspirées par la nature seraient conformes à ses lois, si ces lois elles-mêmes étaient bien connues. Tout homme boit et mange chaque jour; mais combien peu savent distinguer les saveurs louables! combien peu savent juger sainement les mets et les breuvages empoisonnés par la funeste multiplicité des assaisonnemens!

3.

Combien était grande la sagesse de l'empereur Choun! Il se défiait de son propre jugement et de sa prudence, et s'appuyait, pour gouverner l'État, de la sagesse et des vues de ses ministres. Il aimait à prendre conseil, même sur les choses ordinaires, et se plaisait à examiner les réponses les plus simples de ses conseillers. Si leurs avis lui semblaient quelquefois peu conformes à la raison, il ne les suivait pas; mais il dissimulait ce qu'il y trouvait de vicieux, entretenant ainsi la confiance de ses ministres, et cette candeur avec laquelle ils lui communiquaient leurs pensées. Quand leurs conseils étaient sages, il ne se contentait pas de les suivre; il affectait d'en faire l'éloge, pour animer encore plus ceux qui les avaient donnés, et les exciter à développer leurs sentimens. Si ces avis s'écartaient un peu du juste milieu qu'il faut toujours suivre, il en saisissait les deux extrêmes, les pesait mûrement dans la balance de la raison, et découvrait le point juste qui séparait également les deux termes opposés. C'est par de semblables soins que Choun devint un si grand empereur.

4.

Régner, c'est diriger. Princes, donnez vous-mêmes l'exemple de la droiture et de l'honnêteté : qui osera ne vous pas suivre ?

5.

Prince, tu veux administrer sagement ton em-
[pire ?] essaie-toi dans l'administration intérieure de
[ta famille :] en elle tu trouveras le modèle que
[tu dois suivre] pour la bonne institution de tout
un peuple.

6.

Pour bien régler une famille, il faut d'abord se bien régler soi-même : il faut trouver dans sa propre personne le modèle qu'on doit se proposer dans le régime d'une famille entière.

7.

Commence donc par rectifier ton ame, par dompter et modérer les affections qui la détournent de sa première droiture et l'abaissent vers le vice.

8.

Quatre règles dirigent l'homme parfait : et je ne puis en observer exactement une seule ! Je ne puis avoir pour mon père la même obéissance que je prescris à mes enfans : je ne puis servir mon prince avec cette fidélité que je demande à l'homme qui m'est soumis : je ne puis avoir pour mon aîné le même respect que j'exige de mon cadet : je ne puis rendre à mon ami les devoirs que je voudrais lui imposer, le prévenir en tout, lui marquer en tout ma déférence.

Mais l'homme parfait pratique ces vertus, dont l'exercice se renouvelle chaque jour. Il est circonspect dans ses moindres paroles. S'il tombe dans quelque faute, s'il ne remplit pas toutes les obligations qu'il s'est prescrites, il se fait violence à lui-même pour parvenir à s'en acquitter. Se présente-t-il à sa bouche une trop grande affluence de paroles, il sait en retenir une partie. Sévère censeur de lui-même, il veut que ses discours répondent à ses œuvres et ses œuvres à ses discours. Comment ne serait-il pas stable et constant? Je m'efforce de l'imiter; je suis ses traces, de loin il est vrai; mais enfin je les suis.

9.

Il est cinq règles universelles qui régissent le monde. Ces règles sont : la justice qui lie le prince et le sujet; l'amour entre les parens et les enfans; le lien qui unit les époux; la subordination entre les aînés et les cadets; ce doux accord et ces devoirs mutuels qui unissent des amis.

10.

Trois vertus conduisent à l'accomplissement de ces règles : la prudence, qui fait discerner le bien du mal ; l'amour universel, qui lie tous les hommes entre eux ; et le courage, qui nous donne la force de suivre le bien, de fuir et de détester le mal.

11.

Quelques faibles dispositions qu'un homme ait apportées en naissant, s'il est brûlé de l'amour de s'instruire, s'il ne se rebute point dans l'étude de la vertu, il approchera bien près de la prudence. Si, encore embarrassé de l'amour de soi-même, il s'efforce cependant à bien faire, il ne sera pas éloigné de l'amour universel envers ses semblables. S'il rougit constamment à la moindre proposition illicite ou honteuse, s'il la rejette avec pudeur, il sera bien près d'acquérir le véritable courage.

12.

On veut savoir mon sentiment sur le courage. S'agit-il du courage des peuples qui habitent le midi, de ceux qui occupent les régions boréales? ou plutôt, n'est-il pas question du courage qui vous convient, à vous qui cultivez la sagesse?

Traiter avec indulgence ceux qui leur sont

subordonnés; ne pas corriger toujours, et ne corriger jamais trop sévèrement leur paresse ou leur lenteur; ne pas soumettre légèrement les réfractaires à des supplices, mais supporter patiemment leurs fautes, et leur offrir le moyen de les réparer : tel est le courage des peuples méridionaux; c'est ainsi que, réprimant eux-mêmes la passion de la colère, ils amènent insensiblement les esprits à la raison.

Coucher avec intrépidité sur des cuirasses et des faisceaux de lances ; être insensible à la crainte, et passer la vie, sans gémir, dans les travaux et les dangers : voilà le courage des nations boréales; voilà ce que peuvent faire des hommes braves et robustes. Mais leur courage est mêlé de beaucoup de témérité; il n'est pas même retenu par le frein de la justice, et ce n'est point, mes chers disciples, celui que j'attends de vous.

Le sage, toujours attentif à se vaincre lui-même, se prête et s'accommode aux mœurs et au génie des autres : mais, toujours maître de lui-même, il ne se laisse amollir ni dépraver par les habitudes et les exemples des hommes lâches et efféminés, et n'obéit point en toute occasion avec indifférence. Ce courage exige des efforts.

Au milieu des hommes qui s'écartent de la droiture, lui seul, toujours ferme, reste droit et juste, et n'incline vers aucun parti. Ce courage est bien estimable !

Si la vertu, si les lois sont en vigueur dans l'empire; s'il exerce lui-même une magistrature; au faîte des honneurs, ses mœurs sont toujours les mêmes : il suit le même genre de vie qu'il menait dans une condition privée, et ne se laisse point enfler d'un vain orgueil. Oh! combien est grand ce courage!

Mais, au contraire, si les vertus sont méprisées; si les lois sont négligées; si tout est confondu; lui-même, pressé par la misère, assiégé par la douleur, et conduit à une mort honteuse, se montre inébranlable, ne sait point changer, et reste attaché fortement au plan qu'il s'est formé. Voilà le plus haut degré du courage! Il consiste dans une victoire continuelle sur soi-même!

13.

Autrefois les sages empereurs gouvernaient leurs États à l'aide du gouvernement domestique. Ils recevaient avec amitié les envoyés des plus faibles princes tributaires. Ces princes, à l'imitation de l'empereur, n'osaient mépriser la veuve la plus pauvre, l'orphelin le plus délaissé : à plus forte raison accueillaient-ils les hommes distingués par leurs talens, leurs lumières, ou leurs vertus. Les gouverneurs, à leur tour, se conformaient à l'exemple de leurs maîtres, et marquaient des égards au dernier valet de leur maison : ils ne pouvaient donc en manquer pour leurs femmes et pour leurs enfans. Ainsi la paix et la concorde florissaient dans l'empire; on n'y connaissait point les dissentions, les querelles, les soulèvemens, le tumulte.

14.

O vous, ami de la sagesse, ne goûterez-vous pas un jour la satisfaction la plus douce, si vous avez travaillé constamment à prendre les sages pour modèles, si vous avez mis tous vos soins à les imiter?

Lorsque, par vos travaux et votre constance, vous aurez acquis un nouveau trésor de vertus; si des disciples, des amis, viennent des contrées les plus éloignées écouter vos leçons et se former par vos exemples, votre joie ne sera-t-elle pas encore plus vive! en pourrez-vous cacher les heureux transports?

Mais si le contraire arrive, si vos talens et vos vertus restent ensevelis dans l'obscurité la plus profonde, si personne ne vous consulte, si tout le monde vous néglige, vous approcherez de la perfection, vous mettrez à vos vertus le dernier sceau, en ne vous affligeant point de cette indifférence, en ne vous indignant pas de ce mépris, content de ce que vous avez fait, heureux de ce que vous possédez, tranquille sur ce qui est hors de vous et qui dépend de l'opinion des autres.

15.

Où les discours sont apprêtés, où tous les dehors sont flatteurs, ce n'est pas là qu'il faut chercher la probité.

16.

Si le sage a l'extérieur d'un homme léger, si ses gestes sont désordonnés, ses mouvemens sans décence; s'il aime à courir inconsidérément par la ville, s'il ne paraît occupé que de jeux, de bagatelles, de plaisirs, il n'aura pas d'ascendant sur les siens; on n'apercevra que ses ridicules; il se rendra méprisable et perdra bientôt le fruit des sciences qui lui auront coûté tant d'études et de travaux.

17.

Ne contractez pas de liaisons avec des gens qui valent moins que vous : vous en recevriez du dommage sans en retirer aucun profit. Attachez-vous aux hommes qui valent mieux que vous; faites-vous honneur de les suivre.

18.

Souvenez-vous de la faiblesse humaine : il est de notre nature de tomber et de faire des fautes. En avez-vous commis, ne craignez pas de les réparer, n'hésitez pas un instant; n'épargnez pas les efforts pour vous relever, et rompez généreusement les liens qui vous embarrassent.

19.

Le pauvre qui ne flatte personne pour sortir de la misère; le riche qui n'est pas gonflé d'un vain orgueil, méritent des éloges : mais ils n'ont point atteint au comble de la sagesse. Ils ne peuvent être comparés au pauvre qui vit heureux dans l'infortune; au riche, qui se plait à connaître encore des devoirs, qui prévoit les revers sans les redouter, et qui se soumet en tout à la raison.

20.

Le sage ne s'affligera pas de voir les gens qui l'entourent négliger ses talens, et ne tirer aucun fruit de ses travaux; car tout cela dépend du caprice et de la volonté des autres : il se reprochera plutôt de n'avoir pas lui-même assez connu les hommes, de s'être trompé dans le choix de ses amis, de n'avoir pas su quels étaient ceux qu'il devait fuir ou rechercher.

21.

Conduisez-vous toujours avec la même retenue que si vous étiez observé par dix yeux et montré par dix mains.

22.

Les grandes richesses produisent les grands soins ; le grand nombre des enfans de nombreuses sollicitudes, et la longue vie des maux d'une longue durée.

23.

Examine bien si ce que tu promets est juste, ou si tu peux le tenir : la promesse faite ne doit plus être révoquée.

24.

Rectifie tes pensées. Sont-elles pures, tes actions le seront de même.

25.

Apprends à bien vivre, tu sauras bien mourir.

26.

Nourris-toi, sans te livrer aux délices de la table ; loge-toi, sans rechercher les aises de la mollesse. Agis avec soin ; parle avec prudence, et ne t'applaudis point à toi-même. Recherche surtout le commerce des sages ; que leurs conseils soient tes lois ; et te voilà bien avancé dans l'étude de la sagesse.

27.

Si nous ne discernons pas au premier regard ce qui est injuste et honteux, comment nous en garantirons-nous dans la pratique ?

28.

Quand les sujets ne seront contenus dans le devoir que par les lois; quand ceux qui voudraient les enfreindre ne seront arrêtés que par la terreur des supplices; le peuple, il est vrai, s'abstiendra des grands crimes, mais ce sera par une crainte servile. Tel qu'un vil esclave, il n'osera faire le mal; mais il ne le haïra pas, il n'en aura pas de honte. Ne croyez pas même qu'il persiste dans le devoir; car il ne sera retenu que par la crainte; et c'est toujours un mauvais précepteur.

29.

On regarde aujourd'hui comme un tendre fils celui qui nourrit son père. Est-ce-là tout ce qu'on exige? Mais il n'est point de chevaux, de chiens, qui ne trouvent quelqu'un qui les nourrisse. Si les secours que l'on accorde à ses parens ne sont pas dus à l'amour, au respect, quelle différence y a-t-il entre nourrir son père et nourrir un cheval?

30.

Voulez-vous discerner le bon du méchant? Cela est bien difficile. Cependant observez votre homme, considérez ce qu'il fait, ce qu'il médite : car les méchans font ordinairement des choses injustes et honteuses, et les bons des choses honnêtes et justes.

31.

Le sage n'est point un vase qu'on emploie seulement à quelques usages : orné d'un grand nombre de qualités diverses, il est propre même aux plus grandes choses.

32.

Il établit par sa conduite les principes qu'il veut donner aux autres : c'est par son exemple qu'il les instruit. Il agit d'abord, ensuite il enseigne. Le philosophe reprend par son silence le disciple à qui la nature a prodigué une trop verbeuse éloquence.

33.

Quiconque agit toujours et ne médite jamais, finira par perdre sa peine. Quiconque médite toujours et n'agit point, sera sujet à l'erreur. C'est en effet s'exercer que d'étudier et d'apprendre : mais si l'on ne médite pas ce que l'on étudie, si l'on n'y ramène pas souvent ses réflexions, on n'aura qu'une érudition ténébreuse, aussi stérile que l'ignorance.

34.

Celui qui, par indolence, ou par une orgueilleuse confiance en lui-même, ne consulte ni les livres ni les maîtres; qui, sans jamais s'exercer, se contente de se livrer à une oiseuse et stérile contemplation des choses, n'en atteindra jamais que les ombres : il ne connaîtra que des images vaines et trompeuses ; il se reposera dans sa science mensongère, ou plutôt il tombera d'erreurs en erreurs.

35.

Savez-vous une chose, annoncez hautement que vous la savez ; en ignorez-vous une autre, avouez ingénument votre ignorance. L'homme ne peut tout savoir ; mais il doit apprendre et connaître ce qui est de son devoir ; il ne doit pas supposer qu'il connaisse ce qui lui est inconnu ; encore moins doit-il vanter aux autres ses erreurs, leur en imposer et se mentir à lui-même. Prenez du temps, donnez-vous de la peine pour considérer mûrement les choses, et consultez ceux qui en savent plus que vous.

36.

Faites prudemment un choix de tous les discours que vous entendrez. Gardez le silence sur ce qui vous paraîtra douteux, et ne parlez même qu'avec circonspection de ce que vous croirez certain : c'est ainsi que vous pécherez rarement en paroles.

37.

Entretenir l'amour et la concorde dans sa famille, faire régner la vertu parmi ceux qui nous sont soumis, c'est gouverner en effet, c'est exercer une magistrature utile et glorieuse. Pourquoi donc rechercher une magistrature publique ? Est-ce seulement pour se voir décoré du titre de magistrat ?

38.

Je ne sais à quoi peut être bon l'homme sans foi qui trompe dans ses discours et qui manque à ses conventions. On ne peut lui confier une charge publique : on doit s'en défier dans les affaires particulières.

39.

Au lieu de ces nombreux services et de ces mets recherchés qu'on vous présente avec faste, et souvent à regret, j'aimerais mieux à table la frugalité de nos ancêtres, et l'amour, la concorde, les égards mutuels des convives. Dans les pompes funéraires, au lieu de cet appareil somptueux et de ce luxe funèbre qui n'est dû qu'à l'orgueil, j'aimerais mieux une douleur sentie, des larmes sincères et de longs regrets de celui qui n'est plus.

40.

Le bourg le plus faible, le plus resserré, le plus inconnu, ne renfermât-il que vingt familles, est assez glorieux, si l'amitié, la bonne foi règnent parmi ses habitans. Imprudent qui refusera d'établir sa demeure dans cet asyle de l'amour et de l'innocence !

41.

Les méchans ne peuvent supporter long-temps ni les douleurs et la pauvreté, ni les richesses et les honneurs. Mais le sage, quelle que soit sa fortune, se repose dans sa seule vertu.

42.

L'homme honnête peut seul aimer les hommes en sûreté, peut seul en sûreté les haïr.

43.

Les hommes recherchent les richesses et les honneurs; mais, si la raison l'ordonne, le sage n'hésitera pas à les rejeter. On fuit, on hait la pauvreté, l'humiliation, le mépris; mais si le sage est injustement pauvre, humilié, méprisé, il ne se permettra rien de honteux pour sortir de cet état.

44.

Tu veux passer pour philosophe, et tu n'as pas le courage de cultiver la véritable sagesse : de quel droit t'arroges-tu ce titre ?

45.

Je n'ai encore vu personne qui aimât la vertu, qui eût horreur du vice; car aimer la vertu, c'est avoir pour elle une passion ardente, enflammée, exclusive, incapable de lui rien préférer; et pour haïr le vice, il faut craindre d'en être un seul instant souillé.

46.

Celui qui suit le matin la vertu peut mourir le soir; il ne se repentira pas d'avoir vécu, il se consolera de mourir.

47.

Le lettré qui s'est appliqué à la philosophie, et qui rougit de porter un mauvais habit, de prendre un mauvais repas, ne mérite pas que vous parliez avec lui de philosophie.

48.

Le vrai sage n'est pas déterminé à agir ou à ne point agir; c'est la convenance des choses qui le conduit.

49.

La vertu occupe tout l'esprit du sage; et l'intérêt, tout celui du méchant.

50.

Le philosophe est habile à discerner ce qui s'accorde avec la vertu; et le méchant, ce qui s'accorde avec ses avantages.

51.

Je compare celui qui néglige les connaissances

les plus nécessaires, à un homme qui resterait le visage appuyé contre un mur, ne pouvant avancer d'un seul pas, ni rien voir autour de lui.

52.

Que faire de l'homme qui ne demande jamais le principe et la raison des choses?

53.

Le sage est lent dans ses discours, et prompt dans ses œuvres.

54.

Dans les premiers âges de ma vie, quand j'entendais parler les hommes, je croyais qu'ils agissaient de même. J'ai reconnu que je me trompais. J'écoute encore à présent; mais j'examine si les actions répondent aux paroles.

55.

Un magistrat qui, dans sa conduite, ne fut pas toujours au-dessus du reproche, a obtenu, même après sa mort, un titre honorable. C'est qu'il aimait l'étude, c'est qu'il se plaisait à s'instruire, c'est qu'il ne méprisait pas les magistrats inférieurs, c'est enfin qu'il daignait même consulter les gens du peuple. Tant de modestie lui a mérité des honneurs qui le suivent encore dans le tombeau.

56.

Il faut avoir pour ses anciens amis les mêmes égards que dans l'amitié commençante.

57.

Réfléchissez d'abord sur ce que vous voulez entreprendre, pesez mûrement les choses, examinez-les plus d'une fois. Après cela, ne tardez pas davantage. Pourquoi perdre le temps à délibérer, quand il faut agir? Vous allez, par trop de prudence, pécher contre la prudence même.

58.

Dans les méchans, haïssez le crime. Mais, s'ils reviennent à la vertu, recevez-les dans votre sein comme s'ils n'avaient jamais fait de fautes.

59.

Rougissez de ces paroles étudiées par lesquelles on charme les oreilles, de ce sourire gracieux et trompeur par lequel on flatte celui qu'on veut gagner, de ces politesses excessives par lesquelles on cherche à capter la bienveillance. C'est l'art des hommes légers et perfides, qui disent tout ce qu'ils veulent, et ne disent rien pour la vérité.

60.

La société ne demande que de la candeur et de

la bonne foi : il est honteux de caresser ceux qu'on hait ou qu'on méprise.

61.

Que les vieillards se reposent en paix, qu'on prenne de leurs dernières années des soins respectueux ; que la cordialité règne entre les amis, entre les égaux ; qu'on traite avec douceur, avec condescendance la tendre jeunesse qui n'a pas encore acquis toutes ses forces : c'est le vœu du genre humain ; c'est le mien.

62.

O honte de ce siècle ! où trouver un homme qui soit pour lui-même un censeur sévère, un témoin, un accusateur, un juge ; qui reconnaisse sa faute, s'appelle lui-même au tribunal de sa conscience, s'avoue coupable, et se punisse ?

63.

L'homme prudent et juste donne à l'indigent, et n'ajoute pas à la fortune du riche.

64.

Ne refusez pas les largesses du prince. Si elles sont inutiles à votre famille, recevez-les pour les distribuer aux malheureux.

65.

La sagesse et la probité du père ne peuvent

couvrir la sottise et la méchanceté du fils. La folie et la mauvaise conduite du père ne peuvent justement obscurcir les vertus du fils, ni l'éloigner des honneurs.

66.

Que mon disciple Hoei est sage! Un peu de riz bouilli fait sa nourriture, une tasse d'eau le désaltère, un coin de la place est son gîte. Homme vulgaire, sa vie te paraît misérable; mais elle ne lui fait rien perdre de sa gaieté.

67.

Celui que les forces abandonnent s'arrête au milieu de la route; mais il ne faut pas se croire lâchement au terme, avant de commencer à marcher.

68.

Ceux qui connaissent la vertu, et qui savent combien elle mérite d'être aimée, ne sont pas comparables à ceux qui l'aiment, qui la recherchent, qui la poursuivent. Mais ces amans de la vertu n'égalent pas encore ceux qui jouissent déjà de cet objet si justement aimé.

69.

Pourrons-nous appeler carrée une figure qui ne sera pas terminée par quatre angles égaux? De même aussi, le roi qui n'aura pas les qualités d'un roi, l'homme qui n'aura pas les qualités de l'homme, méritera-t-il le nom de roi, méritera-t-il le nom d'homme?

70.

Je me nourris des mets les plus communs; mon coude, replié sous ma tête, me sert d'oreiller quand le sommeil me presse; et je puis assurer que, dans cette vie si dure, le philosophe sait trouver des plaisirs; car la vertu a ses délices au milieu des souffrances.

71.

Il est trois choses dont je parle rarement, et toujours en peu de mots : des prodiges; des affaires publiques ; et des esprits célestes, dont la nature et les attributs sont tellement au-dessus de notre intelligence, que nous sommes incapables d'en parler dignement.

72.

Que deux hommes seulement soient avec moi, je saurai bien trouver entre eux un maître, et peut-être tous deux me donneront-ils des leçons. Si l'un est bon, et l'autre méchant, je suivrai les vertus du premier : j'observerai en silence les vices du second, je me sonderai moi-même; et, si je me trouve infecté de quelqu'un de ces vices, je me corrigerai.

73.

Il est trois choses que le sage doit révérer : les lois de la nature, les grands hommes, et les paroles des gens de bien.

74.

L'homme honnête est toujours paisible, égal et tranquille. Toujours le méchant vit dans le trouble, et des douleurs secrètes dévorent son cœur.

75.

Si le magistrat rend à ses parens les devoirs que lui prescrit la nature, les sujets, à son exemple, se disputeront à qui observera mieux la vertu. S'il accueille les hommes que leur âge ou leur mérite rend respectables, le peuple respectera les sages et les vieillards.

76.

L'oiseau, près de mourir, n'a plus qu'une voix lugubre et gémissante; mais c'est au lit de mort que l'homme fait surtout entendre la voix de la vérité.

77.

Recommandez au peuple l'observation des lois, et non l'étude des sciences.

78.

L'homme confiant et robuste, qui hait la pauvreté, troublera facilement la tranquillité publique.

79.

Le méchant est digne de haine; mais, s'il s'aperçoit qu'il est haï, il devient encore plus dangereux.

80.

Apprenez, comme si vous saviez encore peu de chose. Craignez bien de perdre ce que vous avez appris.

81.

Que peut-on reprendre dans l'empereur Yu? Économe, sobre et frugal dans ses repas; mais en même temps libéral et magnifique, il vivait durement lui-même, et faisait vivre le pauvre. Simple et modeste dans ses vêtemens ordinaires, il étalait une pompe imposante, lorsque, dans les cérémonies sacrées, il revêtait les habits sacerdotaux. Son palais était humble et sans faste; mais il n'épargnait ni les trésors, ni les travaux, dans l'utile construction des canaux, des réservoirs, des aqueducs.

82.

On portait autrefois des chapeaux tissus du chanvre le plus fin; on les porte à présent de soie. J'abandonne volontiers, dans ces choses indifférentes, la respectable antiquité, et je me conforme à l'usage.

83.

Né dans une condition obscure, élevé dans l'humiliation, j'ai eu pour maître le malheur; et il m'a beaucoup appris.

84.

Je n'ai vu personne qui fût aussi flatté de la beauté de la vertu, que des grâces et de l'élégance d'un beau corps.

85.

La constance peut avancer lentement; mais elle n'interrompt jamais l'ouvrage qu'elle a commencé, et produit enfin de grandes choses. Apportez chaque jour une corbeille de terre, et vous ferez enfin une montagne.

86.

Souvent on voit s'élever de terre une herbe tendre, qui ne donnera jamais de fleurs; on voit souvent briller des fleurs, qui ne donneront jamais de fruits.

87.

Les enfans et les jeunes gens méritent de notre part une sorte de vénération; savons-nous ce qu'ils doivent devenir, et s'ils ne vaudront pas un jour mieux que nous? Mais l'homme de quarante à cinquante ans qui n'a rien fait encore pour la gloire, ne mérite, quel qu'il soit, la vénération de personne. C'en est fait de lui.

88.

Se plaire à recevoir des avis, et les négliger, c'est ne pas se nourrir des mets dont on aime la saveur.

89.

Comment me comporter avec l'homme qui écoute respectueusement mes exhortations, et qui n'y conforme pas sa conduite? Je l'abandonne. Je ne ferais avec lui que perdre mon temps, et lui faire perdre le sien.

90.

On peut enlever et réduire en servitude un général vaillamment défendu par une armée entière; on ne peut ôter au plus faible des hommes la liberté de sa pensée.

91.

Être vêtu d'une robe déchirée et grossière, et ne pas rougir devant son ami couvert des plus riches étoffes; c'est un courage bien rare.

92.

C'est dans la mauvaise saison qu'on aperçoit que les pins et les cyprès ne perdent pas leurs feuilles.

93.

Comme cet oiseau sauvage, que je vois sur le sommet de la montagne, connaît bien le moment où il doit prendre son vol, le moment où il doit se reposer! C'est qu'il n'a d'autre maître que la nature.

94.

Si vous entendez un homme discourir disertement de la vertu; s'il appuie ses discours des raisonnemens les plus solides; si ses auditeurs charmés croient que cet homme est tel que l'indiquent ses discours; ne vous hâtez pas encore de prononcer que cet homme nourrit une solide vertu dans son cœur.

95.

Celui qui possède la vertu parlera toujours assez bien pour la recommander aux autres; mais celui qui parle bien de la vertu ne la possède pas toujours.

96.

Faire parler de soi la renommée, c'est être célèbre; mais ce n'est pas être illustre. L'homme solide, droit et sincère, qui mesure ses discours et ceux des autres, qui aime ses devoirs, et ne s'écarte jamais de l'équité, qui observe le visage et les yeux de ceux qui lui parlent, et n'adopte pas leur sentiment sans réflexion; tel est l'homme que j'appelle illustre, s'il est à la tête des affaires; que j'appelle encore illustre, s'il se renferme dans les simples devoirs de sa famille.

97.

Accumulez toujours en vous de nouvelles vertus, ne vous contentez jamais de celles que déjà vous avez acquises, et, dans cette recherche laborieuse, ne pensez pas aux avantages que vous en pourrez recueillir.

98.

Se déclarer une guerre opiniâtre, combattre ses défauts nuit et jour, ne se pas oublier soi-même pour rechercher oisivement et témérairement les défauts des autres; voilà ce que j'appelle habiter en effet avec soi; voilà ce que j'appelle en effet se corriger.

99.

Chérir les hommes, les renfermer tous, en quelque sorte, dans son sein; telle est la véritable piété : les connaître; telle est la véritable prudence.

100.

Ne vous hâtez pas d'approuver l'homme qui est aimé du peuple, ni de condamner celui qui en est haï; mais je regarderai comme un sage celui qui est aimé des bons et haï des méchans.

101.

Il est facile au sage de bien servir; il lui est moins aisé de plaire. Il se montre trop difficile, il condamne trop ouvertement les plaisirs qui ne s'accordent point avec la raison et l'honnêteté. L'homme sans mérite sert mal, mais il sait plaire.

102.

Le sage jouit de la plus profonde paix; mais il ne connaît pas les vains plaisirs de l'orgueil. L'insensé s'applaudit à lui-même; mais il ne connaît point la paix de l'ame, parce qu'il ne connaît pas la vertu.

103.

Une grande pauvreté d'actions se trouve souvent jointe à la plus brillante richesse de paroles.

104.

Les anciens étudiaient pour eux-mêmes, ils cultivaient les sciences pour parvenir à la sagesse; on étudie à présent pour briller aux yeux des autres, et pour mériter des honneurs, des richesses, et de vains applaudissemens.

105.

Le sage rougit lui-même de ses paroles quand elles surpassent ses actions.

106.

On me reproche de courir de royaume en royaume, de prêcher partout ma doctrine, de capter les applaudissemens de la multitude, et de mendier peut-être des dignités. Non, je ne fais point commerce de paroles vaines; mais je condamne, mais je hais celui qui, n'aimant que lui seul, se cache dans les calamités publiques, et n'ose même penser à faire revivre les lois, à ranimer les mœurs, à retirer les hommes de la dépravation.

107.

Il est d'une grande ame de repousser les injures par les bienfaits.

108.

Le sage se demande à lui-même la cause de ses fautes; l'insensé la demande aux autres.

109.

Le philosophe garde la gravité; mais il n'est pas dur et intraitable : il aime la société; mais il ne se laisse pas emporter dans le tourbillon.

110.

La véritable faute est de commettre des fautes, et de ne se pas corriger.

111.

Observez un grand homme dans les petites choses ; vous ne pourrez encore savoir ce qu'il fera dans les grandes. Observez dans les petites choses un homme ordinaire; vous verrez bien qu'il n'est capable de rien de grand.

112.

Dans l'exercice de la vertu, ne le cédez pas même à votre maître.

113.

Il est des amis utiles ; il en est qui sont bien pernicieux. On trouve de grandes ressources dans l'ami droit et sincère, dans l'ami fidèle, et dans celui qui écoute volontiers. Rien n'est plus dangereux que l'ami qui trompe par un extérieur composé, l'ami lâche et flatteur, et l'ami babillard.

114.

Trois joies sont utiles, et trois pernicieuses. Il est utile de se réjouir de la pratique de ses devoirs, du récit des bonnes actions, de l'amitié d'un grand nombre de sages. Il est pernicieux de mettre sa joie dans l'orgueil et la vanité, dans la vie oisive et licencieuse, dans les festins et les voluptés.

115.

Le sage est constant, et non pas opiniâtre.

116.

Un tigre s'échappe de sa loge et cause de grands désastres; qui en accuserez-vous? n'est-ce pas celui qui devait le garder?

117.

Contemplez ce que les autres ont de bon, comme si vous n'étiez pas encore parvenu jusque-là. Contemplez ce que les autres ont de mal, comme si vous touchiez du doigt de l'huile bouillante.

118.

Il faut observer neuf choses pour suivre la sagesse:

1.° Considérez sous toutes les faces, observez et cherchez à bien connaître, ce qui s'offre à vos regards.

2.° Pénétrez bien le vrai sens de ce que vous entendez.

3.° Conservez un front serein et tranquille; rien ne vous conciliera plus puissamment les cœurs.

4.° Témoignez par votre maintien de justes égards à ceux avec qui vous vous trouvez.

5.° Quand vous agissez, donnez tous vos soins à ce que vous faites.

6.° Quand vous parlez, soyez sincère et vrai; que votre langue soit l'interprète fidèle de votre cœur.

7.° Dans les conjonctures embarrassantes, examinez bien qui vous devez surtout consulter.

8.° Dans la colère, représentez-vous fortement les suites funestes de la vengeance.

9.° Dans les moyens de vous enrichir, pensez toujours à la justice.

119.

Ces gens qui ont l'extérieur de la vertu, sans la porter dans leurs cœurs, ressemblent à ces coquins qui volent la nuit, et paraissent fort honnêtes gens le jour.

120.

Le prince King-koung avait mille attelages de quatre chevaux : il est mort; et le peuple n'a pas trouvé en lui une vertu.

121.

Écouter en courant les préceptes de la vertu, en parler en courant à son tour, les recevoir par les oreilles, et les rendre par la bouche, s'embarrasser fort peu de se les appliquer ou d'en pénétrer les autres : c'est marquer pour la vertu le plus coupable mépris.

122.

La justice, et non la valeur, mérite la première place.

123.

Le sage veut bien mériter de tous les hommes; il n'est cependant pas inaccessible à la haine. Il hait ceux qui divulguent les défauts des autres. Il hait des hommes vils qui, dans leur bassesse, osent juger impudemment les chefs de la nation, les condamner et murmurer contre eux. Il hait ces bravaches qui, fiers de leur courage, ne connaissent pas de frein. Il hait cette espèce d'hommes qui se complaisent sottement à eux-mêmes, qui tiennent à leur propre sentiment, obstinés, opiniâtres, prêts à tout entreprendre, et ne consultant jamais la raison.

124.

Un père est pour ses enfans ce qu'est le Ciel même pour les choses créées.

125.

La perfection de l'amour filial est de suivre la vertu pour ne pas faire rougir son père, et d'acquérir un grand nom pour faire rejaillir sur lui quelques rayons de sa propre gloire.

126.

Que vos discours soient intelligibles; et que cela vous suffise.

127.

Comment parle le Ciel? quelle voix emprunte-t-il pour nous instruire? Les saisons achèvent leur cours; tout naît, tout se renouvelle. C'est par ce silence éloquent qu'elles annoncent ce principe secret dans lequel tout est mu.

128.

Es-tu seul : observe la modestie. Fréquentes-tu les hommes : conserve bien la candeur.

129.

Quelque chose de malhonnête s'offre-t-il à tes yeux; ne le vois pas : frappe-t-il ton oreille; ne l'entends pas : se présente-t-il à ta bouche; tais-toi.

On écouta avec respect les paroles du sage Confucius, si bien récitées par le jeune Hân-wen. Tous les juges s'accordèrent à dire qu'il était impossible d'en mieux comprendre l'esprit et le sens; ce fut là un concours très-mémorable. Quand il fut terminé, et qu'on eut dressé la liste des candidats qui avaient réussi dans les trois compositions, Hân-wen se trouva le premier, et en conséquence il obtint le titre de Kiaï-Yoûn; c'est le grade le plus élevé qu'on puisse obtenir dans le concours de province.

A cette nouvelle, les parens de Hân-wen sont transportés de joie. Pour lui, il cachait sa joie sous une apparence de gravité. Il assista au repas *Lou-ming-Yen*, où présidait le vice-gouverneur de la province, il fut promené en triomphe autour de la ville; puis, après avoir été rendre ses devoirs aux examinateurs du concours, et après s'être acquitté de tous les devoirs d'étiquette et de convenance, il s'en retourna chez ses parens, plein d'un tendre espoir. Or, voici ce qu'il chantait en chemin :

La belle et bonne enfant m'a donné rendez-vous dans un coin de la ville; c'est-là qu'elle veut que je l'attende. Je suis plein de bonheur, et elle ne paraît pas, et ma tête se penche de çà et de là.

La belle et modeste fille m'a rendu fou avec son cadeau; il est de couleur rouge : Tout brillant qu'il est, j'aime encore mieux l'éclat de l'honneur de cette fille.

Elle a cueilli dans les champs la plante Y; elle

me l'a apportée. Cette plante est belle, sans doute; elle est rare; n'importe, je n'y vois rien de beau, si ce n'est que c'est la jeune fille qui me l'a donnée.

Il marchait ainsi plein de joie, lorsqu'à l'approche de la ville il rencontra tous ses parens et tous ses amis, qui venaient au-devant de lui, et à leur tête il reconnut Kong-fou son frère et sa tendre sœur Hiu-chi.

— Cher frère, lui dit sa sœur, que je suis heureuse de vous voir honoré d'un titre si éminent! Nous voilà bien payés de toutes les inquiétudes que votre éducation nous a données. A présent nous ne formons plus qu'un vœu, pour que vous pussiez être un jour nommé docteur, et que vous obteniez des honneurs pour vos parens qui sont morts. A présent il faut que je vous dise une circonstance importante que vous ignorez. Votre père et votre mère vous ont jadis fiancé, tout petit que vous étiez, avec une petite fille qui est devenue grande aujourd'hui : c'est la fille du général des frontières, Pé-ing. Elle est blanche, douce et modeste, et elle se nomme Pi-

liên. Pé-ing a déjà reçu les présens d
noces comme gage de notre promesse, et
les deux familles ont sanctionné ce mariage suivant les rites prescrits. Mais j'ignore, cher frère, quelles sont vos dispositions.

— Mon frère et ma sœur, répondit
Hân-wen, heureux de voir combien le
hasard le servait, en lui donnant comme
fiancée celle qu'il aimait dans son cœur,
vous m'avez servi de père et de mère;
vous m'avez aimé et protégé dès mon enfance : je ne pourrai jamais être assez
reconnaissant pour vos bontés. Mes succès dans les lettres et mon noble titre,
c'est à vous que je les dois; si le Ciel me
favorise encore, et que j'arrive au grade
de docteur, je ne manquerai pas de demander à sa Majesté des titres et des honneurs pour mon père et pour ma mère,
qui sont morts, et pour vous, qui m'avez
servi de père et de mère. Quant à mon
mariage avec la noble fille de Pé-ing, je
vous prie de vouloir bien en régler toutes
les dispositions. Puisque vous ne me jugez
pas trop indigne d'elle, je me soumets

d'avance à tout ce que vous déciderez; mais je vous prie d'attendre la fin de mon concours de printemps. Nous choisirons ensuite un jour heureux pour accomplir cette union, qui est l'objet de toutes mes espérances.

— Cher frère, lui dit Kong-fou, j'approuve entièrement l'idée que vous venez d'exprimer.

Hân-wen se disposa donc à partir pour la capitale, afin de subir son troisième examen, par lequel il devait obtenir le grade de docteur.

Si vous désirez connaître la fin de cette histoire, lisez le chapitre suivant.

CHAPITRE VII.

Hân-wen, ayant fait ses adieux à son frère et à sa sœur, partit pour la capitale, où il désirait obtenir le grade de docteur. Dès qu'il fut arrivé, il choisit un hôtel, où il continua ses travaux littéraires en attendant l'époque du concours. Au jour marqué il entra avec ses rivaux dans la salle des examens. Il acheva ses trois compositions, dont l'éclat et l'éloquence ne peuvent se comparer qu'à une riche broderie ou à un réseau de perles et de pierres précieuses. Poésie, religion, histoire, tels étaient les divers sujets de ses trois compositions. Quelques jours après, on publia avec solennité la liste des docteurs: Hân-wen occupait le premier rang.

Aussitôt que cette nouvelle fut connue par la voix des messagers, tous les employés du concours vinrent féliciter Hân-wen, qui les reçut en habits de cérémonie; après quoi il se rendit au banquet offert par l'empereur aux nouveaux docteurs. Bientôt après arriva l'examen appelé l'examen du palais. Les questions sont posées par l'empereur lui-même, et pendant que les questions étaient posées, tous les magistrats se tenaient debout, et deux cents docteurs étaient prosternés sur les dalles rouges.

Ce jour-là, quand on proclama les trois premiers docteurs, Hân-wen s'entendit donner le titre de Tchoang-Youân. On nomma ensuite les deux docteurs qui venaient après lui; l'un eut le titre de Pang-

Yan, l'autre celui de Tân-hoa, c'est-à-dire le *chercheur de fleurs;* car les deux premiers docteurs sont couronnés de fleurs, et le troisième est obligé d'en demander aux deux autres : c'est la loi de l'empire.

Les trois nouveaux docteurs burent chacun trois tasses de vin, qui leur furent offertes au nom de l'empereur. On les couronna de fleurs; puis on les promena en grande pompe autour de la ville, précédés par l'ordre impérial qui leur accordait cette faveur. Ces fêtes durèrent trois jours, et toute la ville accourait pour faire honneur au cortége, et chacun admirait la bonne grâce et la jeunesse de Hân-wen.

Au bout de trois jours, les nouveaux docteurs se rendirent au palais, pour rendre grâces à l'empereur du titre qu'il leur avait accordé.

Hân-wen fut nommé membre de l'académie des Hân-lin, chargés d'écrire l'histoire nationale. A peine fut-il membre de l'académie, qu'il rédigea un placet, où il exposa l'histoire de son enfance et de sa jeunesse, et des bienfaits de Kong-fou, son beau-frère et de sa sœur. A la cinquième veille il fut admis dans la salle d'audience.

Aussitôt que l'empereur fut entré, et qu'il eut été salué par les acclamations unanimes des magistrats, Hàn-wen se prosterna au bas des degrés d'or, et prononça ces paroles : — « Votre humble sujet Hàn-wen, nouvellement élevé au grade de Tchoang-Youân, demande la faveur de présenter un placet à votre Majesté. »

En même temps il devait déposer son placet sur la table du Dragon, la table de l'empereur. L'empereur prit ce placet et le lut en entier avec la plus grande attention. Ce placet était ainsi conçu :

Le nouveau Tchoang-Youán, membre de l'Académie des Hân-lin,

votre sujet

a l'honneur d'exposer, depuis l'origine, les malheurs de son père et de sa mère. Il supplie

Votre Majesté

de daigner l'écouter, et d'accorder des honneurs à ses parens ;

votre sujet

a toujours entendu dire que le prince ne fait qu'un corps avec son peuple; qu'il regarde ses sujets comme ses propres enfans, et qu'il se plaît à exaucer les vœux que forme leur piété filiale;

votre sujet

ayant perdu ses parens dès sa plus tendre enfance, demeura dans la maison de sa sœur aînée, qui prit soin de l'élever. La sœur de

votre sujet

eut pitié de son délaissement et de sa faiblesse; elle l'éleva avec la tendresse d'une mère; elle fit même de grands sacrifices pour payer les frais de son instruction. Enfin elle lui a promis de lui donner sa fille en mariage.

Votre Majesté

a comblé de bienfaits cet indigne Hân-lin; mais, hélas! son père et sa mère n'ont encore obtenu aucun honneur, aucune dignité! Quand un homme ne s'est point acquitté de ses devoirs de fils, il est à craindre qu'il ne manque à ceux de sujet. Je supplie humblement

Votre Majesté

d'accorder à mon père et à ma mère de brillantes distinctions, et de me permettre de retourner dans mon pays natal pour offrir un sacrifice funèbre à mes parens. Je pourrai ainsi accomplir les devoirs d'un fils, et je serai moins indigne de la *servir comme sujet.*

Requête respectueuse.

L'empereur ayant lu ce placet, un sourire de joie brilla sur sa figure majestueuse. « Puisque vos parens ont éprouvé de si grands malheurs, dit-il à Hän-wen, j'accorde avec plaisir, à votre père le titre de Tchong-ki-tiên-hio-ssé[1]; à votre mère, le

---

[1] Charge littéraire dans le palais de l'empereur.

titre de Tsié-i-tiên-siên-fou-jîn[1]; à votre frère Li-kong-fou, qui vous a instruit avec succès, le titre de Tchong-i-lang[2]; et à votre sœur Hiu-chi, qui vous a élevé comme une tendre mère, le titre de Hiên-cho-i-jîn[3]. Je vous accorde un congé d'un an pour retourner dans votre pays natal, offrir un sacrifice à vos parens et réaliser votre projet de mariage. Vous reviendrez ensuite à la cour pour reprendre vos fonctions."

Respectez cet ordre!

Hân-wen remercia l'empereur, et sortit du palais par la porte appelée Wou-men. Il se hâta de faire ses adieux à ses collègues, disposa tout ce qui était nécessaire pour son voyage, et partit sur un char élégant qui lui était destiné. Son voyage fut une fête continuelle; les officiers civils et militaires accoururent pour le saluer

---

1 Ce titre signifie littéralement : dame renommée par sa vertu et sa justice, et élevée au rang des dieux.

2 C'est-à-dire, homme célèbre par sa droiture et sa justice.

3 C'est-à-dire, dame sage et vertueuse, élevée au cinquième degré de noblesse.

sur son passage, et enfin, quand il fut arrivé dans sa ville natale, il trouva sa maison remplie de musiciens, dont les accords bruyans ébranlaient le ciel et la terre. Ses parens et ses amis accoururent plus nombreux et plus empressés que jamais : la rue fut encombrée de chevaux et de visiteurs.

Kong-fou et Hiu-chi, le frère et la sœur, en revoyant leur frère revenu avec la dignité de docteur, étaient heureux, comme s'ils fussent montés au ciel. Il n'est pas besoin de dire la joie de Pi-liên, la fille de Pé-ing.

Ainsi Hân-wen fit une entrée triomphale au milieu de tous les magistrats de la ville. A peine eut-il embrassé ses parens, qu'il déploya l'ordre impérial qui leur conférait des dignités.

Kong-fou et Hiu-chi prirent alors des habits de cérémonie, et ils se prosternèrent du côté du palais pour remercier l'empereur de ses bontés.

Après quoi Hân-wen, ayant acheté les offrandes prescrites, alla au pélerinage les déposer sur les tombeaux de son père et de sa mère, et quand il eut lu le décret impérial qui leur accordait les honneurs posthumes, il poussa des cris lugubres et versa d'abondantes larmes.

Tout à coup, au milieu de la douleur, Hân-wen aperçut le vénérable Fa-haï, son premier maître : illustre docteur, s'écria Hân-wen, quel bonheur pour moi de voir aujourd'hui un savant maître, à qui je dois tout ce que je suis!

— Mon fils, répondit le vénérable Fa-haï vous êtes maintenant un des plus illustres serviteurs de l'empereur, notre maître : je viens donc vous dire qu'il ne faut pas se laisser aller à la douleur, mais bien au contraire s'abandonner à la joie, puisque vos illustres parens sont maintenant dans le ciel, couverts de gloire et revêtus des plus honorables dignités.

Quelques jours après les cérémonies du joyeux retour, Hân-wen se mit à penser que son congé accordé par l'empereur touchait à son terme, et il soupira, voyant son mariage non encore accompli. Il était plongé dans ces pensées, quand il reçut la visite du gouverneur. Il alla le recevoir à la première porte, et le faisant entrer dans le salon, Seigneur, dit-il, votre serviteur désire entretenir votre Excellence d'une affaire importante, le voulez-vous?

— Parlez illustre docteur, répondit le magistrat, vous savez que je suis à vos ordres.

— Seigneur, lui dit-il, depuis longtemps j'aime la fille de l'illustre général Pé-ing, qui, sans être arrêté par mon peu de mérite, m'a promis de me donner sa fille en mariage. L'empereur m'a accordé la faveur de retourner dans mon pays natal pour accomplir cette union, qui est l'objet de tous mes vœux. Au moment où vous êtes entré, je m'inquiétais de n'avoir personne qui pût se charger de la demander en mariage pour moi : j'ose espérer que vous voudrez bien me rendre ce précieux service.

— Illustre docteur, lui répondit-il, puisque tel est votre noble désir, je suis prêt à vous prouver tout mon dévouement.

Aussitôt le gouverneur alla trouver Pé-ing, et lui fit connaître l'objet de son message.

Le gouverneur se présenta selon les rites reçus et avec les présens d'usage renfermés dans un grand nombre de paniers. Un de ces paniers contenait quatre piles de piastres; un autre panier renfermait un jambon frais du poids d'environ douze livres; un troisième panier contenait du vermicelle. Les serviteurs du général Pé-ing, voyant arriver le magistrat avec les corbeilles, allèrent avertir leur maître, qui accourut rempli de joie et d'espoir.

Cependant on se mit à tirer de la maison des pétards dans la rue; on alluma deux cierges rouges dans le premier appartement en entrant. En même temps la jolie fille de Pé-ing, la charmante fiancée, tirant le jambon de la corbeille, le distribua à tous ses amis qui étaient accourus, et le nombre des amis était si grand, que de ce jambon de douze livres ce fut à peine si chacun eut une petite bouchée. Cela fait, la fiancée envoya à son fiancé un petit livre sur lequel était écrit la promesse de mariage. Elle envoya aussi autant de corbeilles qu'on lui en avait envoyées, contenant des présens égaux à ceux qu'elle avait reçus. Ces présens consistaient en fruits et en graines de courge séchées au soleil. Ils formaient seize paquets; sur chaque paquet était gravé une fleur rouge en guise de cachet. Voilà ce qui se fit le premier jour.

Les jours suivans parurent bien longs à l'impatient Hân-wen. Enfin arriva le grand jour; ce jour avait été déclaré heureux par les devins. Toutefois Hân-wen eut soin de se munir d'un gros morceau de viande crue, pour la jeter au démon, ce tigre dévorant, s'il se présentait sur son chemin.

De son côté, la belle fiancée n'était pas moins impatiente; elle s'était levée avant l'aurore; elle s'était parée de ses plus riches bijoux et de ses plus beaux habits, en ayant soin de mettre les habits les plus beaux par dessus et les plus grossiers par dessus. Au-dessus de tous ces habits, elle s'enveloppa de l'habit des noces, qui resssemble à un large manteau. On lui plaça sur la tête un chapeau en forme de corbeille, qui lui cachait toute la figure et qui lui descendait jusqu'aux épaules. Ainsi parée, la fille de Pé-ing monta dans un palanquin porté par quatre hommes : chacun lui cédait le pas, car c'est l'usage, et même le vice-roi de la province s'arrête s'il vient à passer. Personne ne pouvait la voir, et elle ne pouvait voir personne. D'autres palanquins, portés avec la même cérémonie, venaient ensuite, et contenaient le linge et les robes, et surtout un superbe rideau de lit. Chacun célébrait la richesse de Pé-ing.

Sur le chemin aussi, tous ceux qui accompagnaient la nouvelle mariée, parens et amis, versaient d'abondantes larmes de joie avec de grands cris d'alégresse, qui ressemblaient à des cris de désespoir. Quand les porteurs étaient fatigués de porter et quand les amis étaient fatigués de pleurer, le cortége s'arrêtait et reprenait haleine; après quoi recommençaient la course et les pleurs. A la fin, un courrier hors d'haleine arriva à la porte de Hân-wen, en criant : La voici! la voici! En même temps on brûla un grand nombre de pétards, et Hân-wen, bien malgré lui, se cacha dans l'endroit le plus reculé de sa maison; mais c'était un homme sage qui obéissait aux usages reçus.

La jeune femme, ou plutôt son palanquin, arrivé à la porte de la maison conjugale, s'arrêta. Cependant une parente de la jeune femme monta dans la maison, appela le seigneur Hân-wen, le demandant à tout le monde. — Où est-il? et que fait-il? Hân-wen avait à la main un livre qu'il avait l'air de lire, et il restait indifférent comme si on lui eût annoncé le mariage d'un autre. A la fin il déposa son livre, il se laissa conduire à la porte de sa maison, et s'avançant d'un pas grave, il ouvrit le palanquin où était sa femme. Mais si son visage était calme, son cœur battait bien fort. Aussitôt la nouvelle mariée sortit du palanquin, et, s'appuyant sur son mari, ils s'acheminent tous deux vers la tablette des ancêtres, et après l'avoir adorée, ils se mirent tous deux à table et tout seuls l'un vis-à-vis de l'autre. Hân-wen fit semblant de manger; mais sa femme resta immobile, la tête toujours couverte de son immense chapeau. Le repas fini, les deux époux entrèrent dans leur chambre, et alors elle ôta ce grand chapeau qui lui cachait le visage, et alors il la vit et il la reconnut, plus heureux que la plupart des maris en Chine, qui ne voient leurs femmes qu'après les avoir épousées.

Bientôt tous les parens, tous les amis, tous les voisins, entrent dans la chambre. On regarde la nouvelle mariée, on l'examine, on l'étudie; heureuse celle qui échappe à la critique! Il faut qu'elle écoute la critique de sang-froid. Mais la femme de l'heureux Hân-wen fut trouvée belle, et modeste et sage, et elle n'eut que des louanges à entendre, même des autres femmes. Quand elle eut bien subi l'examen, elle alla saluer les parens de son mari, qui l'embrassèrent comme une tendre sœur. En même temps Hân-wen portait de toutes parts des cartes d'invitation, accompagnées de deux petits pains de riz colorés en rouge. En revanche, chaque invité doit envoyer une somme proportionnée au repas qu'on lui donne. Ce repas des noces est toujours somptueux; la nouvelle mariée présenta ses respects à toutes les femmes qui honoraient cette fête de leur présence; les femmes de leur côté lui faisaient présent d'une chaîne ou d'une bague : elle reçut aussi deux riches lanternes que lui offrirent les jeunes gens conviés au repas.

La nuit venue, et les époux retirés dans leur appartement, un tumultueux charivari commença sous les fenêtres de la maison. Plus le concert est bruyant et discordant, et plus il est honorable : c'était un bruit infernal. Quelques jeunes gens profitèrent du bruit pour s'introduire dans la chambre des nouveaux mariés par un grand trou qu'ils avaient fait dans le mur, et ils s'emparèrent du manteau de Hân-wen, qu'ils portèrent en triomphe dans toute la ville. Hân-wen fut obligé de racheter son manteau le lendemain.

Le lendemain, la chambre nuptiale était pleine des amis de Hân-wen : on leur offrit le thé et le tabac; puis ils demandèrent à Hân-wen s'il était heureux : pour toute réponse, il mit la main sur son cœur.

Telles furent les cérémonies de ce mariage, qui se passa sous les auspices les plus heureux.

Les noces accomplies, Hân-wen prit

congé de son frère et de sa sœur, non sans répandre des larmes. Il retourna ensuite avec sa jeune femme dans la ville impériale, où il fut élevé aux charges les plus éminentes, qu'il remplit avec gloire. Il arriva ainsi aux premières dignités de l'État. Voilà comment le Ciel récompensa sa patience, son dévouement à l'étude, à l'empereur, et sa piété filiale.

———

Ici finit notre première série. A présent il est temps de reprendre notre course littéraire et de suivre notre chemin tracé à travers le monde des idées. Écoutez! prêtez l'oreille! n'entendez-vous pas les sons d'une muse plus savante? n'entendez-vous pas une langue plus belle, la plus belle langue qu'aient parlée les hommes? Ne voyez-vous pas venir ces grands noms, l'objet de notre culte éternel et de nos éternels respects: Homère, Sophocle, Thucydide et Démosthène! Écoutez, écoutez! c'est la Grèce, c'est la Grèce, c'est la belle patrie des beaux arts, et des beaux vers, et des grands hommes, c'est notre patrie athénienne qui nous appelle ! Allons donc en avant ! laissons-là le vieil Orient; allons dans la vieille Grèce, d'où nous irons dans la vieille Italie et dans la vieille France ! Que de vieillesses, mais aussi que de nobles vieillesses nous avons à étudier !

FIN D'HAN-WEN, DU TOME III, ET DE
LA PREMIÈRE SÉRIE.

TABLE

DU TOME TROISIÈME.

	Pages.
Préface	v
Han-wen, le lettré	1
L'orphelin de la Chine	63
La Peinture mystérieuse	106
Maximes de Confucius	144

SOUS PRESSE,

Pour paraître le 1.ᵉʳ Décembre prochain :

2.ᵉ SÉRIE. — LA GRÈCE.

www.ingramcontent.com/pod-product-compliance
Lightning Source LLC
Chambersburg PA
CBHW071934160426
43198CB00011B/1397